Bibliografische Information der Deutschen Nationalbibliothek:

Die Deutsche Bibliothek verzeichnet diese Publikation in der Deutschen National-
bibliografie; detaillierte bibliografische Daten sind im Internet über http://dnb.d-
nb.de/ abrufbar.

Impressum:

Copyright © 2019 GRIN Verlag
Druck und Bindung: Books on Demand GmbH, Norderstedt Germany
ISBN: 9783346020291

Dieses Buch bei GRIN:

https://www.grin.com/document/498557

Wigo Müller

Der Grabstein. Ein juristischer Ratgeber für die den Grabstein betreffenden Rechtsfragen

GRIN Verlag

Wigo Müller

Der Grabstein in der Rechtsordnung

Ein juristischer Ratgeber
für die den Grabstein betreffenden Rechtsfragen

Inhaltsverzeichnis

Abkürzungen

A

a. A.	anderer Ansicht
a. a. O.	am angegebenen Ort
AG	Amtsgericht
AllMBl	Allgemeines Ministerialblatt (Bayern)
AO	Abgabenordnung
Art	Artikel

B

Bay, bay	Bayern, bayerisch
BayObLG	Bayerisches Oberstes Landesgericht
BayObLGZ	Entscheidungen des BayObLG in Zivilsachen
BayVBl	Bayrische Verwaltungsblätter
BGB	Bürgerliches Gesetzbuch
BGBl	Bundesgesetzblatt
BGH	Bundesgerichtshof
BGHZ	Entscheidungen des BGH in Zivilsachen
Brbg, brbg	Brandenburg, brandenburgisch
Breith	Breithaupt - Sammlung von Entscheidungen aus dem Sozialrecht
BSG	Bundessozialgericht
BSGE	Entscheidungen des BSG
BVerfG	Bundesverfassungsgericht
BVerfGE	Entscheidungen des BVerfG
BVerwG	Bundesverwaltungsgericht
BVerwGE	Entscheidungen des BVerwG
BW	Baden-Württemberg

D

DB	Der Betrieb (Zeitschrift)
DöV	Die öffentliche Verwaltung (Zeitschrift)
Drs	Drucksache
DVBl	Deutsches Verwaltungsblatt (Zeitschrift)
DVP	Deutsche Verwaltungspraxis (Zeitschrift)

E

EE	Erbrecht effektiv (Zeitschrift)
ErbBstg	Erbfolgebesteuerung (Zeitschrift)
ErbR	Erbrecht (Zeitschrift)

F

FamRZ	Zeitschrift für das gesamte Familienrecht
Friedhofskultur	Zeitschrift für das gesamte Friedhofswesen

G

GBl	Gesetzblatt
ges.	gesetzlich
GG	Grundgesetz für die Bundesrepublik Deutschland
ggf	gegebenenfalls
GK	Gemeindekasse (Zeitschrift) mit Bundesland, z. Bsp. GK/BW
GVBl	Gesetz- und Verordnungsblatt
GVG	Gerichtsverfassungsgesetz

H

Hess, hess	Hessen, hessisch
HSGZ	Hess. Städte- und Gemeindezeitung
HessVwVG	Hess. Verwaltungs-Vollstreckungsgesetz

I

info-also	Informationen zum Arbeitslosen und Sozialhilferecht

J

juris	Datenbank

K

KAG	Kommunalabgabengesetz
KG	Kammergericht (= OLG in Berlin)
KommJur	Kommunaljurist (Zeitschrift)
KStZ	Kommunale Steuer-Zeitschrift
KuR	Kirche und Recht (Zeitschrift)

L

LG	Landgericht
LKRZ	Zeitschrift für Landes- und Kommunalrecht Hessen, RP und Saarland
LKV	Landes- und Kommunalverwaltung (Zeitschrift)

M

MDR	Monatsschrift für Deutsches Recht (Zeitschrift)
MittBayNot	Mitteilungen bayerischer Notare (Zeitschrift)

N

NAB	Nichtannahmebeschluß
NachlG	Nachlassgericht
Nieders.	Niedersachsen, niedersächsisch
NdsVBl	Niedersächsische Verwaltungsblätter (Zeitschrift)
NJW	Neue Juristische Wochenschrift
NJW-RR	Rechtsprechungsreport der NJW
NJW-	Spezial Beilage zur NJW
NRW	Nordrhein-Westfalen
NVwZ	Neue Zeitschrift für Verwaltungsrecht
NVwZ-RR	Rechtsprechungsreport der NVwZ
NZB	Nichtzulassungsbeschwerde

O

OLG	Oberlandesgericht
OLGE	Entscheidungen der OLG (Jahrgang und Seite)
OLGR	OLG-Report
OLGZ	Entscheidungen der OLG in Zivilsachen (ab 1995 vereinigt mit FGPrax)
OVG	Oberverwaltungsgericht
OVGE	Entscheidungen des OVG

P

Palandt	Kommentar zum BGB, 78. Auflage (2019)

R

RG	Reichsgericht
RGZ	Entscheidungen des RG in Zivilsachen
RNr.	Randnummer
RP, rp	Rheinland-Pfalz, rheinland-pfälzisch

S

Schl	Schleswig
SchlHA	Schleswig-Holsteinische Anzeigen
SG	Sozialgericht
StAnz	Staatsanzeiger

T

Thür, thür	Thüringen, thüringisch
ThürVBl	Thüringer Verwaltungsblätter

U

UWG	Gesetz gegen den unlauteren Wettbewerb

V

VersR	Versicherungsrecht (Zeitschrift)
VG	Verwaltungsgericht
VGH	Verwaltungsgerichtshof
VGHE	Entscheidungen des VGH
VwGO	Verwaltungsgerichtsordnung
VwVG	Verwaltungs-Vollstreckungsgesetz
VwZG	Verwaltungszustellungsgesetz

W

WiVerw	Wirtschaft und Verwaltung (Beilage GewA)

Z

ZEV	Zeitschrift für Erbrecht und Vermögensnachfolge
ZErb	Zeitschrift für die Steuer- und Erbrechtspraxis
zfs	Zeitschrift für Schadensrecht
ZivG	Zivilgericht
ZPO	Zivilprozessordnung

Schrifttum

Barthel	Grabnutzungsrechte und sonstige Nutzungsrechte an Friedhöfen, WiVerw 2016, 22
Beyer	Rechtsnachfolge bei Wahlgräbern
Brüning	Kommunale Gestaltungsmöglichkeiten bei Friedhofssatzungen, WiVerw 2016, 37
Engelhardt-Schlatmann	Verwaltungs-Vollstreckungsgesetz, 11. Auflage, 2017
Gaedke	Handbuch des Friedhofs- und Bestattungsrecht, 11. Auflage, 2015
Gawel	Die Kalkulation der Friedhofsgebühren, 2017
Jarass-Pieroth	Grundgesetz, 15. Auflage, 2018
Kümmerling	Rechtsprobleme kirchlicher Friedhöfe, 1997
Palandt	BGB, 78. Auflage, 2019
Schönberger	Postmortaler Persönlichkeitsschutz, 2011
Sperling	Die öffentlich-rechtliche Regelungsbefugnis der Kirchen im Friedhofsrecht, DöV 1994, 207
Stelkens-Wabnitz	Pietät, Totenfürsorge, Totenruhe und postmortales Persönlichkeitsrecht in der neueren Rechtsprechung zum Friedhofs- und Bestattungsrecht, WiVerw 2016, 11
Theobald	Der jüdische Friedhof, 1984
Zimmermann	Rechtsfragen bei einem Todesfall, 7. Auflage, 2015

Inhaltsübersicht

Der auf dem Grabmal eines Friedhofs errichtete Grabstein soll an den Verstorbenen erinnern und ihm ein Denkmal setzen, an dem die Hinterbliebenen um ihn trauern können.

Es kommt immer wieder vor, dass um den Grabstein gestritten wird. Des -halb ist in diesem Ratgeber zunächst geprüft, wer der Eigentümer des Grabsteins ist. Außerdem ist der Frage nachgegangen, wer über die Errichtung des Grabsteins und die dortigen Aufschriften zu entscheiden und wer die Kosten des Grabsteins zu tragen hat. Eingegangen ist auch darauf, wer für die Pflege und für die Standsicherheit des Grabsteins zu sorgen hat und wer für einen durch einen schadhaften Grabstein entstandenen Schaden haftet. Schließlich wird erörtert, wer den Grabstein nach Ablauf der Ruhezeit der Grabstätte zu räumen und wer die dadurch entstehenden Kosten zu tragen hat.

Der Ratgeber, der sowohl die einschlägige Rechtsprechung als auch die weiterführende Literatur berücksichtigt, richtet sich bevorzugt an Hinterbliebene, Friedhofsträger und Steinmetzbetriebe. Er soll auch deren Rechtsberatern und den Gerichten eine Hilfe sein, die mit einem Streit um einen Grabstein befasst sind.

1 Einleitung

Die Gesetzgebungszuständigkeit für das Bestattungsrecht steht gemäß Art 30, 70 GG den Bundesländern zu, die eigene Friedhofs- und Bestattungsgesetze erlassen haben. Diese Gesetze schreiben vor, dass ein Verstorbener auf einem Friedhof bestattet werden muss. Im Bundesland Bremen ist der Friedhofszwang seit 2015 für die Beisetzung von Asche-urnen weitgehend abgeschafft; denn dort ist es jetzt gestattet, die Asche eines Verstorbenen auch außerhalb eines Friedhofs aufzubewahren. Auch in Nordrhein-Westfalen kann es der Friedhofsträger gestatten, die Asche Verstorbener auf einem Grundstück außerhalb eines Friedhofs zu verstreuen oder ohne Behältnis zu vergraben, wenn diese Art der Bestattung schriftlich bestimmt und der Behörde nachgewiesen ist, dass der Ort der Beisetzung dauerhaft öffentlich zugänglich ist.

Da es zu den Pflichtaufgaben der Städte und Gemeinden (= Kommunen)gehört, Friedhöfe für die Bestattung der Verstorbenen bereit zu stellen, erlassen sie kraft ihres Satzungsrechts Friedhofsordnungen, in denen die Fragen der Ruhefrist, der Grabgestaltung und der für die Inanspruchnahme der Leistungen anfallenden Gebühren und Auslagen geregelt sind.

Auf vielen Erdgräbern lassen die Hinterbliebenen zur Erinnerung an den Verstorbenen einen Grabstein aufstellen, dessen Sinn es ist, ihm ein Denkmal zu setzen (AG Bad Urach, 21.06.2013, 1 C 427/12). Auf dem Grabstein sind sein Name und seine Lebensdaten angegeben; gelegentlich werden dort auch Bilder, Ornamente, Symbole sowie Trauersprüche angebracht. Ein Anspruch auf Aufstellung eines einfachen Grabsteins besteht auch bei einer Sozialbestattung, deren Kosten gem. § 74 SGB XII vom Sozialamt übernommen werden (SG Mainz, S 11 SO 33/15, NJW-RR 2018, 520).

Das Recht, auf einer Grabstätte einen Grabstein aufzustellen, ergibt sich aus dem öffentlich-rechtlichen Grabnutzungsrecht. Das Eigentum am Grabstein richtet sich nach bürgerlichem Recht. Deshalb lässt sich die Rechtslage am Grabstein nur zutreffend beurteilen, wenn das öffentliche und das bürgerliche Recht berücksichtigt und deren Regeln aufeinander abgestimmt werden. Der Vollständigkeit halber ist auf die Vorschriften eingegangen, nach denen die mit Fragen des Grabsteins zusammen- hängenden Ansprüche durchgesetzt werden können.

2 Das Eigentum am Grabstein

Wer der Eigentümer des Grabsteins ist, richtet sich nach dem im BGB geregelten bürgerlichen Recht. Da der Grabstein zur Gefahrenabwehr standsicher auf der Grabstätte aufgestellt und deshalb auf einem Fundament fest mit dem Grundstück verbunden werden muss, gehört er eigentlich zu den wesentlichen, mit dem Grund und Boden des Friedhofs fest verbundenen Bestandteilen und würde demnach gem. §§ 94 Abs. 1, 946 BGB die Rechte am Grundstück teilen. In Abänderung dieses Grundsatzes, nach dem der Friedhofsträger Eigentümer des Grabsteins wäre, verneint § 95 Abs. 1 Satz 1 BGB jedoch die Eigenschaft als wesentlicher Bestandteil des Grundstücks für die nicht auf Dauer mit dem Grundstück verbundenen Sachen (BGH, V ZR 238/60, NJW 1962, 1498); dies gilt auch dann, wenn eine Sache auf längere Zeit mit dem Grundstück verbunden ist (BGH, V ZR 334/94, NJW 1996, 917). Da das Nutzungsrecht an einer Grabstätte und das Recht zur Aufstellung eines Grabsteins befristet vergeben werden und der Grabstein nach Ablauf der Ruhezeit wieder entfernt werden muss, dient er der Erinnerung an den dort Bestatteten und damit nur einem vorübergehenden Zweck (RG, V 584/04, RGZ 63, 416 (421). Der Grabstein ist daher gem. § 95 Abs. 1 Satz 1 BGB ein sogen Scheinbestandteil des Grundstücks und gilt damit trotz der festen Verbindung mit dem Friedhofsgrundstück rechtlich als bewegliche Sache (OLG Köln, 2 W 193/90, OLGZ 1993, 113 = VersR 1991, 1393; LG Braunschweig, 8 T 858/99, NJW-RR 2001, 715). Das rechtliche Schicksal des Grabsteins folgt damit den für das bewegliche Vermögen geltenden Vorschriften des BGB (OVG Schleswig, 2 LB 25/ 15, ZEV 2016, 409; NZB erfolglos: BVerwG, 03.08.2016, 1 B 91.16). Das Eigentum am Grabstein wird demnach gem. § 929 BGB übertragen (Prütting-Wegen-Weinreich, BGB, 13. Auflage (2018), § 95, RNr. 1), das heißt indem der Eigentümer die Sache dem Erwerber übergibt und sich beide darüber einig sind, dass das Eigentum übergeht. Gem. § 929 Satz 2 BGB ist die Übergabe entbehrlich, wenn der Erwerber bereits im Besitz der Sache ist. Dies ist bei einem Grabsteins der Fall, der nach erfolgter Aufstellung in den unmittelbaren Besitz des Friedhofsträgers und den mittelbaren des Bestellers übergeht (BGH, VII ZB 48/05, NJW 2006, 1600 = NJW-RR 2006, 570). Da auf die Einigung über den Eigentums-übergang auch aus den Umständen geschlossen werden kann (Palandt, BGB, § 929, RNr. 3), ist davon auszugehen, dass der Steinmetz das Eigentum am Grabstein demjenigen übertragen möchte, der für seine Vergütung aufzukommen hat; dies sind die Erben des Verstorbenen, die gem. § 1968 BGB die Kosten der Beerdigung und damit auch die des Grabsteins zu übernehmen haben. Dass zu diesen Kosten auch die der Räumung der Grabstätte gehören, folgt aus den erbrechtlichen Grund-sätzen, nach denen alle die Beerdigung betreffenden Ausgaben aus dem Nachlass des Verstorbenen zu decken sind und nur ein etwa verbleibender „Überschuss" seinen Erben zu Gute kommt.

Aus den angegebenen Gründen werden die Erben des Verstorbenen Eigentümer des auf seiner Grabstätte errichteten Grabsteins (BGH, 08. 02.1961, V ZR 27/60; OVG Schleswig, 2 LB 25/15, ZEV 2016, 409; NZB erfolglos: BVerwG, 03.08.2016, 1 B 91.16). Dies bedeutet, dass die Erben nicht nur über die Anschaffung des Grabsteins, sondern auch über seine Räumung nach Ablauf der Ruhezeit der Grabstätte zu entscheiden haben. Bei einer Erbengemeinschaft müssten sich die Erben darüber bereits bei der Auseinandersetzung des Nachlasses einigen (BGH, 08.02.1961, V ZR 27/60), was meist unterlassen wird. Deshalb kann es nach Ablauf der Ruhefrist zu einem Streit unter den Erben kommen, wenn mehrere am Erwerb des Grabsteins interessiert sind. Dies ist insbesondere dann der Fall, wenn er aus Naturstein besteht und wegen seiner geringen Abnutzung noch über einen gewissen Wert verfügt. Das LG Köln (29.05.2018, 5 O 36/18) hat bei einem Grabstein aus Granit nach einer zwanzigjährigen Ruhezeit immerhin noch einen Wert von sechzig Prozent des Anschaffungspreises angenommen. Streit über den Verbleib des Grabsteins entsteht auch dann, wenn er auf einer anderen Grabstätte aufgestellt werden oder zur Erinnerung an den Verstorbenen anderweit verwendet werden soll.

Der Ablauf der Ruhezeit der Grabstätte lässt das Eigentum am Grabstein unberührt; er verbleibt im Eigentum des/der Erben des Verstorbenen. Ein Alleinerbe kann demnach allein über den Verbleib des Grabsteins entscheiden Wenn bei einer Erbengemeinschaft dessen Verbleib nach Ablauf der Ruhezeit der Grabstätte bei der Erbauseinandersetzung nicht geregelt wurde, muss diese nachgeholt werden (BGH, 08.02.1961, V ZR 27/60). Die Erben können daher nachträglich vereinbaren, wer und zu welchen Bedingungen den Grabstein übernimmt. Die Abstimmung der Miterben kann formlos (BGH, XII ZR 151/10, ZEV 2013, 81) oder im schriftlichen Umlaufverfahren erfolgen (OLG Jena, 25.04.2012, 2 U 520/ 11). Die Stimmabgabe ist die Abgabe einer Willenserklärung (BGH, II ZB 06/74, NJW 1976, 49 = BGHZ 65, 93). Das Stimmrecht in der Erbengemeinschaft richtet sich gem. § 745 Abs. 1 BGB nach der Größe der Erb-teile und nicht nach der Anzahl der „Köpfe" (OLG Brandenburg, 2 U 188/ 96, OLGR 1998, 09). Jeder Miterbe kann mit „ja" oder mit „nein" stimmen; er stimmt auch gegen den Antrag, wenn er sich der Stimme ent- hält. Wenn die Erbengemeinschaft nur aus zwei Mitgliedern besteht und die Anteile verschieden groß sind, so hat der eine von vornherein die Mehrheit (BGH, XII ZR 151/10, ZEV 2013, 81).

Das Muster einer schriftlichen Abstimmung ist hier abgedruckt:

Abstimmung

der Erbengemeinschaft nach dem/der am .... verstorbenen ....

_____

betreffend:
Verwendung des Grabsteins auf dessen/deren Grabstätte auf dem Friedhof ....

Die Erben sind damit einverstanden, dass der Grabstein nach der Räumung der Grabstätte in das Eigentum des ... übergeht, der die Kosten der Räumung der Grabstätte zu tragen hat.

| | Unterschrift | Datum |

Erbe 1: (Erbquote 1/2) ja / nein _____

Erbe 2: (Erbquote 1/4) ja / nein _____

Erbe 3: (Erbquote 1/4) ja / nein _____

Auf die Frage des Eigentums am Grabstein, wenn die Grabstätte durch den Friedhofsträger geräumt wird, ist unten im Kapitel eingegangen.

Grabsteine auf jüdischen Friedhöfen
Eine Besonderheit gilt für Grabsteine auf jüdischen Friedhöfen. Im jüdischen Glauben gilt die Unantastbarkeit der Totenruhe, was dazu führt, dass Grabsteine auf jüdischen Friedhöfen über Jahrhunderte erhalten bleiben und daher auf Dauer mit dem Friedhofsgrundstück verbunden sind (Landesrabbiner Levinson in Theobald, Der jüdische Friedhof, (1984), Seite 60). Die Grabsteine werden somit zu einem wesentlichen Bestandteil des Grundstücks, sodass sie gem. §§ 94 Abs. 1, 946 BGB in das Eigentum des Friedhoftägers übergehen. Dies ist regelmäßig die jüdische Kultusgemeinde. Für aufgelassene jüdische Friedhöfe müssen nach einem Beschluss der Bundesregierung vom 31.08.1956 - in Absprache mit den Bundesländern - die politischen Gemeinden eintreten, denen somit auch die Verkehrssicherungspflicht für diese Friedhöfe ob-liegt (Theobald, Der jüdische Friedhof (1984), Seite 72).

---

3 Die Entscheidung über die Aufstellung des Grabsteins

Der Grabnutzungsberechtigte hat das Recht, auf der Grabstätte einen Grabstein aufzustellen. Dies bedeutet jedoch nicht, dass er auch über die Art des Grabsteins, die dort anzubringenden Aufschriften sowie darüber entscheiden kann, welchem Steinmetz der Auftrag zur Aufstellung des Grabsteins erteilt wird. Diese Entscheidungen sind den Erben des Verstorbenen vorbehalten, da sie § 1968 BGB verpflichtet, die Kosten der Beerdigung zu tragen. Bei einer Erbengemeinschaft stellt sich die Frage, ob über die den Grabstein betreffenden Fragen alle Erben entscheiden müssen, oder ob dafür ein Mehrheitsbeschluss ausreicht. Dies wäre möglich, wenn es sich dabei um eine Angelegenheit der ordnungs-gemäßen Verwaltung gem. §§ 2038, 745 BGB handelt. Bei der Entscheidung, ob eine Verwaltung ordnungsgemäß ist, kommt es auf den Standpunkt eines vernünftig und wirtschaftlich denkenden Beurteilers an (BGH, IV ZR 82/04, NJW 2006, 439 = BGHZ 164, 181). Dabei darf kein strenger Maßstab angelegt werden, da dies die Verwaltung des Nachlasses entgegen den Vorstellungen des Gesetzgebers erschweren würde. Eine großzügige Auslegung entspricht dem Interesse der Erbengemeinschaft an einer handlungsfähigen Verwaltung und einer größeren Beweglichkeit im Rechtsverkehr (OLG Schleswig, 3 U 82/13, ZEV 2015, 101). Das RG (VI 261/20, RGZ 100, 171) hat die Fragen nach der Art der Bestattung (Erd- oder Feuerbestattung) und dem Ort der Bestattung (Friedhof, Einzel- oder Familiengrab) als höchstpersönliche Angelegenheiten des Verstorbenen nicht den Regeln der ordnungsgemäßen Verwaltung unterworfen, doch kann dies nicht gelten, wenn es „nur" darum geht, ob auf der Grabstätte des Verstorbenen ein Grabstein aufgestellt und wie er gestaltet wird. Hierbei handelt es sich demnach um eine Angelegenheit der ordnungsgemäßen Verwaltung gem. §§ 2038, 745 BGB, das heißt um eine nach den individuellen Gegebenheiten vernünftig er-scheinende Maßnahme (AG Kerpen, 102 C 104/17, ErbR 2018, 411). Eine solche Maßnahme können die Erben mit der Mehrheit ihrer Stimm-en durchsetzen, da dadurch berechtigte Interessen der Minderheit nicht übergangen werden (BGH, II ZR 159/09, ZEV 2010, 476). Wie bereits oben ausgeführt, kann die Abstimmung der Miterben formlos oder im schriftlichen Umlaufverfahren erfolgen. Das Muster einer schriftlichen Abstimmung ist hier abgedruckt.

Abstimmung

der Erbengemeinschaft nach dem/der am .... verstorbenen ....

_____

betreffend
Aufstellung eines Grabsteins auf dessen/deren Grabstätte auf dem Friedhof ....

Die Erben sind mit der Aufstellung eines Grabsteins nach dem Angebot des Steinmetz ... vom .... und der dort vorgesehenen Gestaltung einverstanden:

Unterschrift   Datum

Erbe 1: (Erbquote 1/2) ja / nein   _____

Erbe 2: (Erbquote 1/4) ja / nein   _____

Erbe 3: (Erbquote 1/4) ja / nein   _____

Wenn keine Mehrheitsentscheidung zu erreichen ist, kann die Aufstellung eines Grabsteins und die Vergabe des Auftrags nur mit gerichtlicher Hilfe erreicht werden. Die Erben können sich auf § 2038 Abs. 1 BGB berufen, der jeden Miterben den anderen gegenüber verpflichtet, an Maßregeln mitzuwirken, die zur ordnungsgemäßen Verwaltung des Nachlasses erforderlich sind. Gegen den (die) untätig bleibenden beziehungsweise der Maßnahme widersprechenden Miterben kann jeder Erbe Klage auf Zustimmung zu einer bestimmten Maßnahme erheben (BGH, IV ZR 208 /51, JZ 1953, 706 = BGHZ 06, 76; LG Düsseldorf, 9 O 58/03, ZErb 2006, 34). Der Klageantrag kann wie folgt lauten:

_Der/die Beklagte wird verurteilt, der Aufstellung eines Grabsteins
auf dem Grab des/der am ..... verstorbenen .... und der Erteilung
des Auftrags an den Steinmetz .... nach dessen Angebot vom ...
zuzustimmen._

Ein rechtskräftiges Urteil ersetzt die Zustimmung des Miterben nach § 894 ZPO (BGH, II ZR 16/73, NJW 1975, 1410 = BGHZ 64, 253). Die Klage muss gem. § 13 GVG vor dem Zivilgericht erhoben werden. Bei einem Streitwert bis 5.000 Euro sind gem. § 23 Nr. 1 GVG die Amts-gerichte, bei höheren Streitwerten gem. § 71 Abs. 1 GVG die Land-gerichte zuständig; dort müssen sich die Parteien gem. § 78 Abs. 1 ZPO durch einen Rechtsanwalt vertreten lassen. Örtlich zuständig ist das Gericht, an dem der Beklagte seinen allgemeinen, durch seinen Wohnsitz bestimmten Gerichtsstand hat. Die Klage kann gem. § 27 ZPO auch beim besonderen

Gerichtsstand der Erbschaft erhoben werden, das heißt bei dem Gericht, bei dem der Erblasser zur Zeit seines Todes seinen allgemeinen, durch seinen Wohnsitz bestimmten Gerichtsstand hatte. Für den Gerichtsstand der Erbschaft ist es nicht notwendig, dass sich in ihm Nachlassgegenstände befinden oder befunden haben (BayObLG, IV 20/ 49, NJW 1950, 310).

4 Die Haftung für den Grabstein

Die Grabsteine müssen zur Abwehr von Gefahren standsicher auf der Grabstätte aufgestellt werden. Wem durch einen umstürzenden Grabstein ein Schaden entsteht, kann wegen Verletzung der Verkehrssicherungspflicht ein Anspruch auf Schadensersatz zustehen. Es kommt auch eine Haftung wegen Verletzung der Aufsichtspflicht in Frage (BGH, VI ZR 134/66, VersR 1968, 378: Körperverletzung eines sechsjährigen Kindes durch einen umstürzenden Grabstein).

Als Träger der Verkehrssicherungspflicht werden meist der Friedhofsträger und der Grabnutzungsberechtigte genannt, der regelmäßig zu den Erben des Verstorben gehört. In den Fällen, in denen der Nutzungsberechtigte kein Erbe geworden ist, es sich zum Beispiel um einen Nachbarn oder Freund des Verstorbenen oder einen Bestatter handelt, haften auch die Erben als Eigentümer des Grabsteins.

4.1 Die Verkehrssicherungspflicht

§ 823 BGB regelt die Schadensersatzpflicht. Nach § 823 Abs. 1 BGB ist derjenige einem anderen zum Ersatz des Schadens verpflichtet, der vorsätzlich oder fahrlässig dessen Leben, den Körper, die Gesundheit, die Freiheit, das Eigentum oder ein sonstiges Recht widerrechtlich verletzt. Die zu §§ 823 ff BGB entwickelte privatrechtliche Verkehrssicherungs-pflicht (BGH, III ZR 225/59, NJW 1961, 868 = BGHZ 34, 206) gebietet es die Grabstätte in einem ordnungsgemäßen Zustand zu halten (BVerwG, 7 B 8.79, Breith 408.2, Nr. 7). Die Verkehrssicherungspflicht gilt auch für aufgelassene Friedhöfe (LG Freiburg, 8 O 229/94, NJW-RR 1996, 476 = VersR 1997, 504).

Träger der Sicherungspflicht ist derjenige, der den Friedhof eröffnet hat, da er zur Überwachung der Standfestigkeit der Grabmale und der Grab-einfassungen verpflichtet ist (VG Mainz, 3 K 782/14, NJW-Spezial 2015, 455; VG Saarlouis, 13.06.2008, 11 L 418/08). An die Überwachungs-pflicht sind strenge Maßstäbe anzulegen (BGH, VI ZR 268/69, NJW 1971, 2308). Der Friedhofsträger kann seine Haftung für Besucher des Friedhofs nicht durch seine Satzung auf Vorsatz und grobe Fahrlässigkeit beschränken (OLG Rostock, 1 U 59/01, OLGR 2003, 348). Die all-gemeine, sich durch die Eröffnung der Gefahrenstelle ergebende Verkehrssicherungspflicht des Friedhofsträgers aus § 823 Abs. 1 BGB wird durch die sich aus §§ 836, 837 BGB ergebende Haftung des Grabnutzungsberechtigten und des Eigentümers des Grabsteins nicht berührt (BGH, VI ZR 64/76, NJW 1977, 1392). Wenn ein Besucher des Friedhofs zu Schaden kommt, kann er vom Friedhofsträger Ersatz seines Schadens verlangen (OLG Hamm, 2 U 280/88, NVwZ-RR 1990, 02). Sofern der Schaden auf einen nicht stand-sicheren Grabstein zurückzuführen ist, haften neben dem Friedhofsträger auch der Grabnutzungsberechtigte und der

Eigentümer des Grabsteins. Da sie gem. § 421 BGB Gesamtschuldner sind (BGH, VI ZR 64/ 76, NJW 1977, 1392), kann sich der Geschädigte an jeden halten (VG Mainz, 3 K 782/14, NJW-Spezial 2015, 455; Palandt, BGB, § 837 RNr. 1). Der Anspruchsteller wird sich bevorzugt an die den Friedhof betreibende Stadt bzw. Gemeinde wenden, da die Anschrift deren Verwaltung leicht festzustellen und deren Zahlungsfähigkeit gesichert ist. Die auf Schadensersatz in Anspruch genommene Stadt bzw. Gemeinde kann vom Nutzungsberechtigten der Grabstätte und/oder vom Eigentümer des Grabsteins Ersatz ihrer Aufwendungen verlangen, sofern die Friedhofsordnung - wie meist - bestimmt, dass Grabmale standsicher aufzustellen, in verkehrssicherem Zustand zu halten und bei einer Gefährdung die Standsicherheit unverzüglich wieder herzustellen sind. Hieraus folgt, dass der Grabnutzungsberechtigte und/oder der Eigentümer des Grab-steins im Innenverhältnis zum Friedhofsträger allein für die Standsicherheit des Grabmals und sonstiger baulicher Anlagen verantwortlich sind (BGH, VI ZR 64/76, NJW 1977, 1392; OLG Rostock, 1 U 59/01, OLGR 2003, 348; KG, 9 U 309/73, NJW 1974, 1560); dh. im Innenverhältnis ist der Friedhofsträger nur zur Überwachung der Standfestigkeit der Grab-male verpflichtet (VG Mainz, 3 K 782/14, NJW-Spezial 2015, 455; VG Saarlouis, 13.06.2008, 11 L 418/08; VG Koblenz, 14.12.1995, 2 K 2112 /95). Die Verkehrssicherungspflicht endet nicht mit dem Ablauf der Ruhefrist, sondern besteht fort, solange die Grabnutzung nur faktisch fortgesetzt wird. Dem kann sich der Eigentümer des Grabsteins auch nicht entziehen, wenn er das Eigentum aufgibt (VGH Kassel, 08.05.2015 4 A 1852/13.Z). Auch dann endet die Haftung durch die Aufgabe des Eigentums nicht, wenn ein Grabstein nach Ablauf des Nutzungsrechts zu einem Denkmal erklärt wird; vielmehr trifft die Verkehrssicherungspflicht den ursprünglichen Eigentümer (VGH Kassel, a.a.O.).

Sofern die Neigung eines Grabsteins deutlich erkennbar ist, kann den Besucher des Friedhofs ein hohes Mitverschulden treffen, das eine Haftung des Friedhofsträgers ausschließt (OLG Brandenburg, 2 U 21/03, NJW 2004, 2103). Das LG Freiburg (8 O 229/94, NJW-RR 1996, 476 = VersR 1997, 504) hat den Eltern eines durch einen umgestürzten Grab-stein getöteten zwölfjährigen Schüler ein Mitverschulden angerechnet, da er sich trotz des Verbots seines Lehrer am Grabstein zu schaffen ge-macht hatte. Kein Anspruch auf Schadensersatz soll dann bestehen, wenn ein Grabstein unsachgemäß genutzt wird. In dem von LG Meiningen (1 O 551/99) entschiedenen Rechtsstreit wollte sich eine Friedhofsbesucherin an einem Grabstein hochziehen, der umfiel und sie unter sich begrub. Gegen diese Entscheidung bestehen Bedenken; denn der Geschädigten hätte ein Mitverschulden angerechnet werden müssen.

> Schutz durch eine Privathaftpflichtversicherung
> Nach einer Mitteilung des Gesamtverbands der deutschen Versicherungswirtschaft (GDV) besteht für 85 Prozent aller deutschen Haushalte eine Privathaftpflichtversicherung. Der Versicherer des Verfassers hat ihm am 27.04.2018 mitgeteilt, dass er dort auch als Inhaber/ Nutzungsberechtigter einer Grabstätte versichert ist. Hier handele es sich um eine Gefahr des täglichen Lebens, für die Versicherungsschutz gewährt werde, wenn der Versicherungsnehmer von einem Dritten aufgrund gesetzlicher Haftpflichtbestimmungen privatrechtlichen Inhalts (Beispiel: § 823 Abs. 1 BGB) auf Schadensersatz in Anspruch genommen wird.

4.1.1 Der Umfang der Verkehrssicherungspflicht

Die Verkehrssicherungspflicht erfordert es, dass die Grabmale nach den anerkannten Regeln des Handwerks verankert und so befestigt werden, dass sie dauerhaft standsicher sind und beim Öffnen eines Nachbar-grabs nicht umstürzen oder sich senken. Ein Grabmal kann nicht als dauerhaft standsicher angesehen werden, wenn es nach einer Druck-prüfung in eine, auch nur geringe Schräglage gebracht werden kann; ob die Prüflast auch ausreicht, um das Grabmal umkippen zu lassen, ist unerheblich (VGH München, 4 B 16.311, BayVBl 2018, 242 = DöV 2017, 739 = NZB erfolglos: BVerwG, 29.05.2017, 1 B 100/17).

Nach BGH (III ZR 225/59, NJW 1961, 868 = BGHZ 34, 206) sind die Grabmale nach Ende der winterlichen Witterung und des Frostes (BGH, VI ZR 268/69, NJW 1971, 2308) (bis zur Karwoche: OLG Rostock, 1 U 59/01, OLGR 2003, 348) durch zuverlässig geschultes Personal, das nicht über eine besondere Ausbildung oder Sachkunde verfügen muss (VGH München, 4 B 16.311, BayVBl 2018, 242 = DöV 2017, 739; NZB erfolglos: BVG, 29.05.2017, 1 B 100/17), auf ihre Standsicherheit zu überprüfen. Dieser Termin wurde gewählt, weil an den Osterfeiertagen ein erhöhter Besucherverkehr und damit eine höhere Gefahr durch unsichere Grabmale zu erwarten ist (OLG Hamm, 9 U 137/81, NVwZ 1982, 333). Einzelheiten der Prüfung sind den folgenden Regelungen zu entnehmen, unter denen der Friedhofsträger das für ihn „günstigere" Regelwerk in seine Friedhofsordnung aufnehmen kann (Friedhofskultur 2007, Heft 10, S 23):

> Unfallverhütungsvorschriften für Sicherheit und Gesundheits-schutz der Berufsgenossenschaft für Gartenbau

> Richtlinien des Bundesinnungsverbandes des Steinmetz- und Steinbildhauerhandwerks

> Technische Anleitung zur Standsicherheit von Grabmalanlagen (TA Grabmal: Neufassung Februar 2019) der Deutschen Naturstein Akademie e.V.

Bei der Prüfung der Standsicherheit des Grabsteins hat zunächst eine Augenscheinseinnahme zu erfolgen, ob erkennbare Mängel dessen Standsicherheit beeinträchtigen. Wenn diese keine Anzeichen für eine Standunsicherheit ergibt, muss eine Druck- oder Rüttelprobe erfolgen, wenn Schäden vermutet werden. Diese Probe muss nicht mit einem Prüf -gerät, dem sogen Kipptester, sondern darf auch mit der Hand erfolgen (VG Saarlouis, 13. 06.2008, 11 L 418/08). Die erforderliche Standfestigkeit eines Grabsteins ist gegeben, wenn er am oberen Ende seiner Breitseite mit normaler Armkraft (= ca. 500 Newton) belastet wird. Die Standsicherheit gilt als nachgewiesen, wenn das Grabmal unter der Prüf-last nicht umkippt und keine Bewegungen und Fugen zwischen Fundament, Sockel und Grabstein entstehen. Das Ergebnis der Probe ist aus Beweisgründen unter Angabe des Zeitpunkts der Prüfung und der Namen der Prüfer schriftlich festzuhalten.

Wenn sich der Grabstein auch nur etwas bewegt, ist er sofort umzulegen (OLG Dresden, 5 W 403/93, NJW-RR 1995, 382). Auch andere sichtbare Lösungserscheinungen erfordern einen sofortigen Abbau, da sich diese durch Sturm, starke Regenfälle oder Bodensetzungen ausweiten können (OLG Celle, 9 UH 01/54, VersR 1954, 435). Zutreffend hat bereits das LG Aachen (08.04.1981, 4 O 591/80) ausgeführt: „Da ein umstürzender Grabstein schwere körperliche Verletzungen verursachen kann, wäre es unverantwortlich, einen Stein, bei dem auch nur ein geringer Anschein auf eine Instabilität hindeutet, länger als unbedingt notwendig stehen zu lassen". Falls eine Befestigung möglich ist, ist diese beschleunigt zu veranlassen, wobei eine Zeit von über drei Monaten zu lang ist (OLG Dresden, 5 W 403/93, NJW-RR 1995, 382). Bis zur Reparatur sind sichtbare Absperrungen anzubringen, die auch für Kinder ein erstes Hindernis sind In weniger eiligen Fällen kann am Grabstein ein Warnhinweis angebracht und der Nutzungsberechtigte beziehungsweise der Eigentümer aufgefordert werden, den Grabstein bis zu einem bestimmten Termin zu befestigen. Ein Aushang am Friedhof genügt dazu nicht (VG Darmstadt, 3 G 1976 /97, NVwZ 1999, 1020), vielmehr sind die Nutzungsberechtigten beziehungsweise Eigentümer des Grabsteins persönlich anzuschreiben. Wenn sie der Auf-forderung des Friedhofsträgers nicht innerhalb der ihnen gesetzten Frist nachkommen, kann er die Arbeiten selbst durchführen oder durch einen Unternehmer durchführen lassen und von den Verpflichteten die Erstattung seiner Aufwendungen beziehungsweise Auslagen verlangen.

4.1.2 Streitfälle

Bei einem Schadensersatzanspruch nach § 823 BGB handelt es sich um einen bürgerlich-rechtlichen Anspruch, der gem. § 13 GVG vor den Zivil-gerichten geltend zu machen ist. Bei einem Streitwert bis 5.000 Euro sind gem. § 23 Nr. 1 GVG die Amtsgerichte, bei höheren Streitwerten gem. § 71 Abs. 1 GVG die Landgerichte zuständig; dort müssen sich die Parteien gem. § 78 Abs. 1 ZPO durch einen Rechtsanwalt vertreten lassen. Örtlich zuständig ist das Gericht, an dem der Beklagte seinen allgemeinen Gerichtsstand hat, der gem. § 13 ZPO durch seinen Wohnsitz bestimmt wird. Der Gerichtsstand juristischer Personen wird gem. § 17 Abs. 1 ZPO durch ihren Sitz bestimmt. Als Sitz gilt der Ort, von dem aus die Verwaltung geführt wird.

Der Friedhofsträger kann den Ersatz seiner Aufwendungen auch durch einen Leistungsbescheid gegen den Zahlungspflichtigen festsetzen, falls dies das VwVG des jeweiligen Bundeslandes zulässt. Dies sehen zum Beispiel die §§ 15-17 HessVwVG vor. Danach sind bürgerlich-rechtliche Forderungen öffentlicher Körperschaften im Verwaltungswege vollstreckbar, wenn sie durch die Inanspruchnahme öffentlicher Einrichtungen entstanden sind. Wegen dieser Forderungen darf gem. § 66 Abs. 1 Hess VwVG nur in das bewegliche Vermögen des Schuldners vollstreckt werden. Eine Vollstreckung in Immobilien und Forderungen ist daher aus-geschlossen.

Schrifttum: Torsten Schmitt, Die Standsicherheit des Grabmals unter besonderer Berücksichtigung des Werkvertrags zwischen Unternehmer (Steinmetz) und Verbraucher (2019): Müller-Hannemann, Die Haftung für Schäden durch umgestürzte Grabsteine, MDR 1975, 796

---

5 Das Grabnutzungsrecht

Die in den Friedhofs- und Bestattungsgesetzen der Bundesländer und in den Friedhofsordnungen der Friedhofsträger enthaltenen Vorschriften sind öffentlich-rechtlicher Natur. Der Friedhofsträger kann Normal- und Sondergrabstätten zur Verfügung stellen, die nicht käuflich sind, an denen „nur" ein Nutzungsrecht erworben werden kann. Die normalen Grabstätten werden Reihengräber genannt, weil sie nach einem Todes-fall „der Reihe nach" für die Dauer der Mindestruhezeit vergeben werden. Bei Reihengräbern können die Nutzungsrechte nach Ablauf der Ruhezeit nicht verlängert werden (VGH Mannheim, 1 S 428/93, NJW 1994, 2845; VG Koblenz, 31.05. 2016, 1 K 1111/15). Der Friedhofsträger kann auch als Wahlgräber bezeichnete Sondergrabstätten zur Verfügung stellen, was er aber nicht muss (BVerwG, VII B 188.76, Bh 408.2 Nr. 6; VGH Kassel, 8 A 168/12, HSGZ 2014, 76). Die Wahlgräber können schon zu Lebzeiten erworben und mehrfach belegt werden. Es unterliegt der Entscheidung des Friedhofsträgers, Art und Umfang der Nutzung an Wahlgräbern in seiner Friedhofsordnung festzulegen (OVG Lüneburg, 14.11.2002, 8 LA 135/02). Bei Wahlgräbern kann eine über die Mindest-ruhezeit hinausgehende Zeit vereinbart und diese auch verlängert wer-den (VGH Kassel, 11 UE 1118/92, NVwZ-RR 1994, 335 = DVBl 1994, 218), wobei die Verlängerung im Ermessen des Friedhofsträgers liegt (OVG Münster, 19 A 1347/06, DöV 2009, 872).

Das Recht auf Nutzung einer Grabstätte ist ein subjektiv-öffentliches Sondernutzungsrecht (BVerwG, 9 BN 05.01, NVwZ 2002, 609; BVerwG, VII C 123.59, DVBl 1960, 722 = BVerwGE 11, 68; VGH München, 4 B 87.2014, BayVBl 1991, 465), das regelmäßig durch eine, auf eine Person ausgestellte Graburkunde erteilt wird, was einen - auch konkludent möglichen - Antrag des Erwerbers voraussetzt (VGH München, 4 ZB 17. 2082, ZEV 2018, 356; OVG Lüneburg, 14.11.2002, 8 LA 135/02; VGH Kassel, 11 UE 1118/92, NVwZ-RR 1994, 335 = DVBl 1994, 218), der auch nachträglich gestellt werden kann (VG Augsburg, 04.09.2017, 7 K 16.1361). Es liegt im Interesse des Friedhofsträgers, über Entstehung und Übergang von Nutzungsrechten eindeutige Regelungen zu treffen, die im Fall einer Bestattung eine rasche und klare Entscheidung ermöglichen und den Friedhofsträger nicht in schwierige Streitfragen über die Rechte an einer Grabstätte verwickeln (VGH Kassel, 11 UE 1118/92, NVwZ-RR 1994, 335 = DVBl 1994, 218). Ungeordnete Rechtsverhältnis-se an einem Nutzungsrecht können dazu führen, dass dem Friedhofsträger kein Ansprechpartner für eine, die Grabstätte betreffende Anordnung zur Verfügung stünde (VG München, 20.03.2008, 12 K 07.5955). Zur Streitvermeidung sehen deshalb die meisten Friedhofsordnungen vor, dass nur eine natürliche Person Inhaber des Grabnutzungsrechts sein kann (VG München, 27.06.2013, 12 K 13.1535; der Antrag auf Zulassung der Berufung war erfolglos, VGH München, 12.12.2013, 4 ZB 13.1816).

Das Grabnutzungsrecht wird regelmäßig der Person übertragen, die die Bestattung anmeldet oder in deren Vollmacht sie angemeldet wird (VG Berlin, 21 K 215/10, ZEV 2012, 562 = FamRZ 2012, 1246). Nutzungsberechtigt ist meist der/ein Erbe des Erblassers; es kann aber auch ein Nichterbe sein, zum Beispiel ein Freund oder Nachbar des Verstorben-en. Der Friedhofsträger vermeidet die Übertragung des Nutzungsrechts auf eine Erbengemeinschaft, weil dann ein einziger Ansprechpartner fehlt, der zur Zahlung der Nutzungsgebühr, zur Pflege und Sicherung der Grabstätte und zu deren Räumung nach Ablauf der Ruhezeit verpflichtet ist (VGH München, 4 ZB 17.2082, ZEV 2018, 356). Eine Graburkunde hat nur deklaratorische Bedeutung, kann aber entscheidend bei der Aus-legung sein, wer tatsächlich der Nutzungsberechtigte ist (VGH München, 4 B 86. 2596, BayVBl 1990, 152).

Beim Friedhofsträger kann die Übertragung des Nutzungsrechts auf eine andere Person beantragt werden; da der Rechtsnachfolger nach dem Übergang des Grabnutzungsrechts zur Grabpflege, zur Unterhaltung und Sicherung des Grabmals und zur Räumung der Grabstätte nach Ablauf der Ruhezeit verpflichtet ist, muss der Übernehmer dem Übergang „in irgendeiner Form" zustimmen (VGH München, 4 ZB 17.2082, ZEV 2018, 356).

Das Wesen des Nutzungsrechts an einer Grabstätte besteht in dem Recht, die Bereitstellung und Belassung einer Ruhestätte für einen Verstorbenen auf angemessene Zeit (Ruhezeit, Ruhefrist, Verwesungsfrist) verlangen zu können (BVerwG, VII C 123.59, DVBl 1960, 722 = BVerwG E 11, 68). Mit der Zuweisung einer Grabstätte ist das Recht verbunden, diese in einer den religiösen Anschauungen und Sitten entsprechenden Weise zu gestalten, zu schmücken und zu pflegen (VGH München, 7 B 80 A 830, BayVBl 1983, 697); dazu gehört insbesondere das Recht, auf der Grabstätte einen Grabstein aufzustellen.

5.1 Das Grabnutzungsrechts nach dem Tod des Berechtigten

Wenn der Nutzungsberechtigte während der Ruhezeit der Grabstätte stirbt, stellt sich die Frage, auf wen das Grabnutzungsrecht übergeht. Auf Grund seiner Satzungsautonomie kann jeder Friedhofsträger den Übergang nach dem Tod des Nutzungsberechtigten regeln (VGH München, 4 ZB 17.2082, NJW 2018, 1832 = ZEV 2018, 356; OVG Schleswig, 2 LB 25/15, ZEV 2016, 409 = NZB erfolglos: BVerwG 03.08.2016, 1 B 91.16); OVG Münster, 2 A 2750/84, KStZ 1987, 233; VG Berlin, 21 K 215/10, ZEV 2012, 562 = FamRZ 2012, 1246; OLG Zweibrücken, 15.05. 1997, 6 U 57/96). Dabei kann er sich für den familien- oder den erbrechtlichen Übergang entscheiden (BVerwG, 7 C 3.91, NJW 1992, 2908; OVG Münster, 19 A 571/00, NVwZ 2002, 996). Manche Friedhofsträger sorgen für den Fall des Todes des Nutzungsberechtigten vor, indem sie verlangen, dass er beim Erwerb des Rechts für den Fall seines Todes einen Nachfolger bestimmt. Zum Beispiel lautet § 16 Abs. 7 der am 01.07.2018 in Kraft getretenen Friedhofordnung der Stadt Frankfurt am Main

Schon bei dem Erwerb eines Nutzungsrechts soll die/der Erwerber/in für den Fall ihres/seines Ablebens eine/n nachfolgende/n Nutzungsberechtigte/n bestimmen.

5.1.1 Der familienrechtliche Übergang des Grabnutzungsrechts

Viele Friedhofsträger bevorzugen aus praktischen Gründen die familien-rechtliche Regelung, das heißt den Übergang des Grabnutzungsrechts auf die Totenfürsorgeberechtigten (BVerwG, 7 C 03.91, NJW 1992, 2908; VG München, 20.03.2008, 12 K 07.5955; Näheres zum Totenfürsorgerecht BGH, VI ZR 272/18, MDR 2019, 737). Der neue Nutzungsberechtigte ist deshalb leicht feststellbar, weil er sich aus der Friedhofsordnung oder dem Friedhofs- und Bestattungsgesetz des jeweiligen Bundeslandes er-gibt. Eine Regelung, nach der das Recht auf ein bestimmtes Familien-mitglied übergeht, ist verfassungsrechtlich unbedenklich (OVG Münster, 28.10.2016, 19 A 2345/15; OVG Schleswig, 2 LB 25/15, ZEV 2016, 409 = NZB erfolglos: BVerwG 03.08.2016, 1 B 91.16).

Auch die am 01.07.2018 in Kraft getretene Friedhofsordnung der Stadt Frankfurt am Main hat sich für die familienrechtliche Lösung entschieden denn sie hat in § 16 Abs. 7 für den Fall, dass der Nutzungsberechtigte keinen Nachfolger bestimmt hat, die künftigen Nutzungsberechtigten in Anlehnung an das hessische Friedhofs- und Bestattungsgesetz vom 05. 07.2007 (GVBl 2007, 338) in folgender Reihenfolge bestimmt:

Stufe	Frankfurt am Main	Friedhof des Lesers
1	Ehegatte, eingetragener Lebenspartner	
2	Kinder	
3	Enkelkinder	
4	Eltern	
5	Geschwister	
6	Lebensgefährten bzw Erben	

Bei mehreren gleichrangig Berechtigten bestimmt dieselbe Friedhofsordnung, dass die/der Älteste nutzungsberechtigt ist; auch diese Regelung ist verfassungsrechtlich unbedenklich (OVG Münster, 28.10.2016, 19 A 2345/15; OVG Schleswig, 2 LB 25/15, ZEV 2016, 409 = NZB erfolglos: BVerwG 03.08.2016, 1 B 91.16). Diese Regel sollte auch dann angewandt werden, wenn der Fall in der Friedhofsordnung nicht geregelt ist. Hier sollte die sachgerechte Regelung der §§ 14 rp. BestattG, 18 thür. BestattG, 20 brbg. BestattG übernommen werden, nach der bei einer Mehrheit von im Range gleichen Personen jeweils die älteste zu entscheiden hat.

5.1.2 Der erbrechtliche Übergang des Grabnutzungsrechts

Der Friedhofsträger kann auf Grund seiner Satzungsautonomie auch den erbrechtlichen Übergang des Grabnutzungsrechts vorsehen. In der Entscheidung des VGH München (4 ZB 17.2082, ZEV 2018, 356) ist eine Friedhofsordnung erwähnt, die das Grabnutzungsrecht beim Fehlen von engeren Angehörigen dem Haupterben überträgt; falls ein solcher fehlt, müsse die Klärung der Berechtigung der Erbauseinandersetzung über-lassen werden. Dafür spricht auch die Rechtslage, wenn die Friedhofs-ordnung den Rechtsübergang nicht regelt, da es in der Rechtsprechung allgemein anerkannt ist, dass der Rechtsgedanken des § 1922 BGB beim Fehlen ausdrücklicher Vorschriften über die Vererblichkeit entsprechend herangezogen wird (BGH, III ZR 109/76, NJW 1978, 2091 = BGHZ 72, 56; BVerwG, 8 C 72.80, DVBl 1982, 78 = BVerwGE 64, 105 (108); BSG, B 1 KR 06/03, NZS 2005, 645 = BSGE 94, 26; OLG Brandenburg, 2 U 21/03, NJW 2004, 2103; OLG Oldenburg, 5 U 32/95, NJW-RR 1996, 136; AG Pfaffenhofen, 21.12.2012, 1 C 344 /12). Dieser Rechtsprechung ist auch im Interesse des Friedhofsträgers zu folgen; denn damit steht ihm ein „Ansprechpartner" zur Verfügung, den er für die Grab - pflege, die Unterhaltung und Standsicherheit des Grabmals und für die Räumung der Grabstätte nach Ablauf der Ruhezeit in Anspruch nehmen kann. Bei mehreren Erben kann er sich an jeden der Miterben halten, der gem. § 421 BGB als Gesamtschuldner haftet (Palandt, BGB, § 1967 RNr. 8).

5.2 Streitfälle

Streitigkeiten über den Bestand und den Inhalt des Grabnutzungsrechts sind öffentlich-rechtliche Streitigkeiten im Sinne des § 40 Abs. 1 VwGO, die von den VG entschieden werden. Dies gilt auch für kirchliche Friedhöfe (BVerwG, 7 CB 31.89, NJW 1990, 2079; BVerwG, VII C 45.65, DöV 1967, 574 = DVBl 1967, 451 = BVerwGE 25, 364; OVG Lüneburg, 8 L 166/92, DöV 1995, 518; OVG Lüneburg, 8 A 34/86, NVwZ 1990, 94; VG Düsseldorf, 09.05.2011, 23 K 927/10; VG Ansbach, 28.07.2009, 4 K 08. 1572).

Schrifttum: Simone Schönberger,
Postmortaler Persönlichkeitsschutz (2011)

---

6 Die Räumung der Grabstätte

Die Friedhofs- und Bestattungsgesetze der Bundesländer und die von den Friedhofsträgern kraft ihres Satzungsrechts erlassenen Friedhofsordnungen sehen für Verstorbene Mindestruhezeiten vor, die bei Erdbestattungen eine ausreichende Verwesung des Leichnams gewährleisten und sowohl bei der Erd- als auch bei der Feuerbestattung eine angemessene Totenehrung ermöglichen (OVG Lüneburg, 8 LA 111/11, Nds VBl 2012, 278; OVG Lüneburg, 8 ME 125/10, NdsVBl 2010, 300; VG Trier, 24.05.2017, 7 K 9781/16; VG Gießen, 8 L 1249/14, LKRZ 2014, 384). Die Mindestruhezeiten betragen je nach Bundesland und Friedhof zwischen zehn und bis über zwanzig Jahre. Nach der Entscheidung des BVerwG vom 19.06.2019 (6 CN 01.18) kann die Friedhofsordnung vor-schreiben, dass ein Urnengrab schon nach zwei Jahren aufgelöst werden muss.

Nach Ablauf der Ruhezeit der Grabstätte muss diese geräumt werden, damit sie wieder belegt oder als Grünfläche genutzt werden kann. Zur Räumung der Grabstätte gehört, dass die Grabsteine nebst ihren Fundamenten und Grabeinfassungen entfernt und die Grabflächen eingeebnet und gegebenenfalls neu verfüllt werden. Die Aushebung der Grabstätte und die Entfernung etwaiger Knochenreste sind nicht erforderlich. Wenn solche bei einer erneuten Belegung gefunden werden, werden sie von den Mit-arbeitern des Friedhofs geborgen und an anderer Stelle abgelegt.

Die meisten Friedhofsordnungen verpflichten die Nutzungsberechtigten der Grabstätte, diese nach Ablauf der Ruhezeit zu räumen (VG Sigmaringen, 9 K 1012/03, GK/BW 2005, 42). Neben der öffentlich-rechtlichen Pflicht sind die Erben des Verstorbenen auch bürgerlich-rechtlich zur Räumung der Grabstätte verpflichtet; denn gem. § 1004 Abs. 1 BGB kann der Eigentümer des Friedhofs die Beseitigung einer Beeinträchtigung vom Störer verlangen (Palandt, BGB, § 1004, RNr. 19). Deshalb hat der Friedhofsträger auch gegen die Erben einen Anspruch auf Räumung der Grabstätte (BGH, VI 272/18, NJW-RR 2019, 727 = MDR 2019, 737).

Nach Angaben eines Dienstleisters im Internet sollen für die Räumung einer Grabstätte zwei Fachkräfte zwischen zwei und vier Stunden benötigen. Dort werden die anfallenden Kosten für ein und zwei Meter hohe Grabsteine wie folgt geschätzt:

Grabstein	etwa
1 Meter ohne Fundament	300 Euro
1 Meter mit Fundament	600 Euro
2 Meter ohne Fundament	500 Euro
2 Meter mit Fundament	800 Euro

Wenn die Grabstätte kein Angehöriger des Verstorbenen räumt, muss dafür der Friedhofsträger sorgen. Nach der allgemein anwendbaren Bekanntmachung des Bayerischen Staatsministeriums des Innern über die Aufgaben der Gemeinden beim Vollzug des BestG vom 12.11.2002, zu-letzt geändert am 07.05.2010 (AllMBl 2010, 127) muss der Friedhofsträger die Aufgabe nicht durch eigenes Personal erfüllen, sondern kann sich auch privater Unternehmer bedienen, die in fachlicher, betrieblicher und persönlicher Hinsicht geeignet und zuverlässig sind. Zuvor hat der

Friedhofsträger die Amtspflicht, die Räumung anzukündigen (LG Köln, 29.05.2018, 5 O 36/18). Sofern die Räumungspflichtigen bekannt sind, müssen sie rechtzeitig - schriftlich - an den Ablauf der Ruhezeit der Grab -stätte erinnert und von der beabsichtigten Räumung unterrichtet werden Hierfür ist ein Musterschreiben abgedruckt:

Sehr geehrte Dame / sehr geehrter Herr !
Das Nutzungsrecht auf dem Friedhof .... läuft für die Grabstätte des/der ...

---

am ... ab. Sie können die Grabstätte selbst räumen. Sofern Sie die Räumung nicht innerhalb von ..... Monaten nach Ablauf der Ruhezeit vornehmen, wird sie auf Ihre Kosten von uns veranlasst.
Mit freundlichen Grüßen

Sofern die Räumungspflichtigen nicht bekannt oder nicht zu ermitteln sind, kann die Ankündigung durch eine Bekanntmachung in der örtlichen Presse ersetzt werden; außerdem ist auf dem Grabstein ein entsprechender Hinweis anzubringen. Danach muss den Angehörigen des Verstorbenen genügend Zeit verbleiben, der Räumungspflicht nachzukommen. Das LG Köln (29.05.2018, 5 O 36/18) hat eine Hinweisfrist von sechs Monaten als angemessen angesehen. Diese ist deshalb ausreichend, weil davon ausgegangen werden kann, dass wenigstens ein Angehöriger des Verstorbenen die Grabstätte während dieser Zeit besucht und von der bevorstehenden Räumung erfährt. Wenn der Friedhofsträger das Grab vor Ablauf dieser Frist räumt und den Grabstein entsorgt, kann er sich gem. § 839 BGB schadensersatzpflichtig machen. Jeder Amtsträger hat die Pflicht zu gesetzmäßigem Verhalten, das heißt er hat das Amt sachlich und im Einklang mit Treu und Glauben und guter Sitte zu führen, um eine Schädigung des Betroffenen zu vermeiden (Palandt, BGB, § 839, RNr. 32). Sofern der Friedhofsträger die Grabstätte vorzeitig räumt und den Grabstein entsorgt, verstößt er gegen seine Amtspflichten und muss den Betroffenen den Wert des Grabsteins ersetzen (LG Köln, a.a.O.). Das LG Köln hat den Friedhofsträger verurteilt, dem Grabnutzungsberechtigten für den aus Granit bestehenden, zwanzig Jahre alten Grab-stein sechzig Prozent des Neupreises zu erstatten. Für die aus Bronze bestehende Grabvase und die Grablampe hat das LG Köln dreißig Prozent des Neupreises für ausreichend gehalten, da gebrauchte Grab-beigaben einen höheren Wertverlust hätten als der Grabstein und mehr als dieser dem zeitgemäßen Geschmack unterlägen.

7 Die durch Angehörige geräumte Grabstätte

Wenn der Alleinerbe des Verstorbenen die Grabstätte räumt, bleibt er mit seinen Ausgaben belastet. In den Fällen, in denen er „nur" Miterbe war, kann er die volle Erstattung seiner Aufwendungen aus dem Nachlass verlangen, solange dieser noch nicht geteilt ist. Bei einem verteilten Nach-lass, das heißt wenn die wertvolleren Nachlassstücke bereits auf die Erben übertragen wurden, erwirbt er gem §§ 426 Abs. 1, 748, 2038 Abs. 2 BGB einen Ausgleichsanspruch gegen seine Miterben, allerdings nur in Höhe deren Erbteile.

In den Fällen, in denen ein Nutzungsberechtigter die Grabstätte geräumt hat, der kein Erbe des Verstorbenen geworden ist, kann er von den Erben gem. §§ 2039, 1968 BGB die Erstattung der von ihm für die Räumung getragenen Kosten verlangen (VGH Kassel, 5 UE 3224/99, NVwZ-RR 2001, 535; VGH Mannheim, 1 S 1366/96, NJW 1997, 3113; VG Karlsruhe, 20.09.2017, 4 K 2385/16). Miterben haften gemäß § 2058 BGB als Gesamtschuldner für die gesamten Kosten, auch mit dem eigenen Vermögen. Der Grabnutzungsberechtigte hat deshalb die freie Wahl, welchen Miterben er auf Zahlung in Anspruch nimmt. Die gesamt-schuldnerische Haftung besteht nach der Teilung des Nachlasses fort (OLG Oldenburg, 12 U 03/09, NJW 2009, 3586 = ZEV 2009, 563).

Bei dem Anspruch auf Erstattung der Kosten für die Räumung der Grab-stätte handelt es sich um einen bürgerlich-rechtlichen Anspruch, der gemäß § 13 GVG vor dem Zivilgericht geltend gemacht werden muss. Bei einem Streitwert bis zu 5.000 Euro sind gem. § 23 Nr. 1 GVG die Amtsgerichte, bei höheren Streitwerten gem. § 71 Abs. 1 GVG die Landgerichte zuständig; dort müssen sich die Parteien gem. § 78 Abs. 1 ZPO durch einen Rechtsanwalt vertreten lassen. Örtlich zuständig ist das Gericht, bei dem der Beklagte seinen allgemeinen Gerichtsstand hat, der gem. § 13 ZPO durch seinen Wohnsitz bestimmt wird. Beim besonderen Gerichtsstand der Erbschaft gem. § 27 ZPO können Klagen auch vor dem Gericht erhoben werden, bei dem der Erblasser zur Zeit seines Todes seinen allgemeinen, durch seinen Wohnsitz bestimmten Gerichtsstand hatte. Für den Gerichtsstand der Erbschaft ist es nicht notwendig, dass sich in ihm noch Nachlassgegenstände befinden oder befunden haben (BayObLG, IV 20/49, NJW 1950, 310). Im Interesse der Nachlassgläubiger erweitert § 28 ZPO den in § 27 ZPO geregelten Gerichtsstand der Erbschaft. In diesem Gerichtsstand können auch Klagen wegen anderer Nachlassverbindlichkeiten erhoben werden, solange sich der Nachlass noch ganz oder teilweise im Bezirk des Gerichts befindet oder wenn mehrere Erben vorhandenen sind und gem. §§ 2058, 2060, 2061 BGB als Gesamtschuldner haften. § 28 ZPO gilt auch für Ausgleichsansprüche der Erben untereinander, auch wegen Leistungen, die einzelne Miterben in Befolgung von Mehrheitsentscheidungen der Erbengemeinschaft erbracht haben (OLG Schleswig, 2 W 66/07, NJW-RR 2008, 96 = MDR 2007, 1200). Eine bereits erfolgte Auseinandersetzung der Erben-gemeinschaft schließt eine Anwendung des § 28 ZPO nicht aus (BGH, X ARZ 69/08, NJW-RR 2008, 1516 = ZEV 2008, 488).

8 Die durch den Friedhofsträger geräumte Grabstätte

Wie im Kapitel „Die Räumung der Grabstätte" erwähnt, sind nach Ablauf der Ruhefrist außer den Grabnutzungsberechtigten auch die Erben des Verstorbenen zur Räumung der Grab-stätte verpflichtet. Wenn sich kein Angehöriger um die Räumung der Grabstätte kümmert, muss diese der Friedhofsträger übernehmen. Eine dafür geforderte Gebühr verlangt er entweder anlässlich der Bestattung oder nach Ablauf der Ruhezeit der Grabstätte. Es gibt auch Friedhofsträger, die sich nach der Räumung die tatsächlich entstandenen Aufwendungen erstatten lassen.

8.1 Die anlässlich der Bestattung erhobene Gebühr

Der VGH Kassel (5 N 1597/03, DöV 2005, 208; NZB erfolglos: BVerwG 29.12.2004, 3 BN 5.04) hat die Erhebung der folgenden Gebühren für die Räumung der Grabstätte bereits bei der Bestattung für zulässig gehalten:

Grabstätte	
einstellige Erdgrabstätte	160 Euro
mehrstellige Erdgrabstätte	310 Euro
Kindergrab	105 Euro
Urnengrab	70 Euro

Zur Begründung der vorweg erhobenen Gebühr hat er ausgeführt, die Auffindung räumungspflichtiger Angehöriger erweise sich nach Ablauf der Ruhezeit als schwierig, verursache zusätzliche Kosten und verzögere die erneute Belegung der Grabstätte. Anderer Ansicht ist das OVG Koblenz (12 A 11270/02, NVwZ 2003, 1001); denn es sieht in der vor-zeitigen Erhebung der Grabräumgebühr dann einen Verstoß gegen den Gleichheitsgrundsatz, wenn die Friedhofsordnung die Angehörigen des Verstorbenen zur Räumung der Grabstätte verpflichtet und es daher un-gewiss ist, ob der Friedhofsträger die Grabstätte tatsächlich räumt. Dem OVG Koblenz haben sich das VG Koblenz (31.03.2016, 1 K 536/15) und das VG Gießen (06.05.2010, 8 K 2477/08) angeschlossen. Gawel (Die Kalkulation der Friedhofsgebühren, Seite 392) empfiehlt, bis zu einer Klärung der Rechtslage durch das BVerwG die Räumungsgebühren bereits bei der Bestattung zu erheben. Gegen den Rat von Gawel sprechen die im Kapitel „Die Kalkulation der Friedhofsgebühren" angegebenen Gründe.

8.2 Die nach der Ruhezeit erhobene Gebühr

Manche Friedhofsträger verlangen für die von ihnen nach Ablauf der Ruhezeit vorgenommene Räumung der Grabstätte feste Gebühren. § 11 der Gebührenordnung der Stadt Braunfels zur Friedhofsordnung vom 12.07.2012 enthält folgende Gebühren:

Grabstätte	
einstellige Erdgrabstätte	260 Euro
mehrstellige Erdgrabstätte	414 Euro
Kindergrab	106 Euro
Urnengrab	106 Euro
Nische in Urnenwand	40 Euro

Andere Friedhofsträger fordern für den Fall, dass sie eine Grabstätte nach Ablauf der Ruhezeit räumen, die Erstattung ihrer tatsächlichen Auf-wendungen. Zum Beispiel heißt es in § 10 Abs. 2 der am 01.07.2018 in Kraft getretenen Friedhofsordnung der Stadt Frankfurt am Main

Sofern Grabmale, Fundamente oder Grabzubehör durch die Friedhofsverwaltung entfernt werden müssen, sind die dadurch entstehenden Kosten durch die/den Nutzungsberechtigte/n oder Verfügungsberechtigte/n der Friedhofsverwaltung zu erstatten.

Auf Grund der Gebührenordnung hat der Friedhofsträger gegen den Grabnutzungsberechtigten einen öffentlich-rechtlichen Anspruch auf Erstattung seiner Kosten (VG Sigmaringen, 9 K 1012/03, GK/BW 2005, 42). Da die Erben des Verstorbenen als Eigentümer des Grabsteins über dessen Verbleib zu entscheiden haben, haften sie auch bürgerlich-rechtlich für die Übernahme der Kosten der Grabräumung; denn der Friedhofsträger hat gem. § 1004 Abs. 1 BGB einen Anspruch auf Räumung der Grabstätte (BGH, VI ZR 272/18, NJW-RR 2019, 727 = MDR 2019, 737). Folglich kann der Friedhofsträger von ihnen gem. §§ 1004 Abs. 1, 683, 684 BGB den Ersatz seiner Aufwendungen verlangen, da er mit der Räumung der Grabstätte deren Geschäft besorgt (BGH, V ZR 142/04, NJW 2005, 1366; vergleiche auch. BGH, IV ZR 132/11, NJW 2012, 1651). Die Haftung der Erben folgt auch aus § 1968 BGB, weil die Erben nach dieser Vorschrift zur Übernahme der Beerdigungskosten verpflichtet sind und dazu nicht nur die für die eigentliche Bestattung, sondern auch die für die Räumung der Grabstätte gehören; denn die Beerdigung eines Verstorbenen ist erst mit dem Ablauf der Ruhefrist der Grabstätte und deren Räumung abgeschlossen. Der Friedhofsträger wird sich deshalb immer dann auf die bürgerlich rechtlichen Vorschriften berufen und von dem/den Erben des Bestatteten die Übernahme der Kosten der Räumung des Grabes fordern, wenn ihm die Anschrift des zahlungspflichtigen Nutzungsberechtigten beziehungsweise dessen Rechtsnachfolger nicht bekannt oder diese zur Zahlung nicht bereit oder nicht in der Lage sind. Der Friedhofsträger kann sich an denjenigen halten, der den Verstorbenen allein beerbt hat. Bei einer Erbengemeinschaft kann er jeden Miterben auf Ersatz der Kosten in Anspruch nehmen, da es sich bei den Kosten der Bestattung um Erbfallschulden im Sinne des § 1967 Abs. 2 BGB handelt, die den /die Erben als solche treffen (OLG München, 19 U 1932/73, NJW 1974, 704) und für die jeder Erbe gem. § 426 BGB als Gesamtschuldner haftet (BVerwG, 1 C 48.75, NJW 1980, 1243). Die gesamtschuldnerische Haftung besteht auch nach der Teilung des Nachlasses fort (OLG Oldenburg, 12 U 03/09, NJW 2009, 3586 = ZEV 2009, 563).

9 Die Einwendungen gegen die Forderungen des Friedhofsträgers

Wer vom Friedhofsträger auf Zahlung von Gebühren oder auf Erstattung seiner Aufwendungen für die Räumung der Grabstätte in Anspruch genommen wird und glaubt, für sie nicht zu haften oder der geforderte Betrag sei zu hoch, kann sich dagegen wehren. Für seine rechtlichen Möglichkeiten kommt es darauf an, ob der Friedhofsträger seine Ansprüche auf das öffentliche oder das bürgerliche Recht stützt.

9.1 Die öffentlich-rechtlichen Ansprüche

Die sich aus der Friedhofsordnung ergebenden Ansprüche sind öffentlich -rechtlicher Natur, die der Friedhofsträger durch Leistungsbescheid gegen den Zahlungspflichtigen festsetzen kann. Diese Ansprüche werden nach den Verwaltungs-Vollstreckungsgesetzen des jeweiligen Bundes-länder vollstreckt, deren Gebührenbescheide von der den Friedhof unter-haltenden Stadt oder Gemeinde selbst ausgestellt und durch eigene Vollzugsbeamte vollstreckt werden können. Auch die Ansprüche kirchlicher Friedhofsträger, können, soweit sie staatliche Hoheitsgewalt ausüben, wie kommunale Gebühren vollstreckt werden (Engelhardt-Schlatmann, VwVG-VwZG, § 1 VwVG, RNr. 10).

9.1.1 Die Einwendungen gegen öffentlich-rechtliche Ansprüche

Wenn der auf Zahlung in Anspruch Genommene glaubt, für die Forderung nicht zu haften oder der geforderte Betrag sei zu hoch, kann er gegen einen Bescheid des Friedhofsträgers Widerspruch einlegen, den dieser aus rechtsstaatlichen Gründen zulassen muss (VG Saarlouis, 19. 01.2009, 11 K 1177/08). Nach erfolglosem Widerspruch kann der auf Zahlung der Gebühren in Anspruch Genommene Rechtsschutz vor dem VG erreichen. Mit seiner Klage kann er beantragen (Beispiel: VG Hannover, 21.05.2014, 1 A 6027/12)

> *den Gebührenbescheid*
> *der Stadt/Gemeinde ... vom ... aufzuheben*

Es kommt auch eine vorbeugende Feststellungsklage nach § 43 VwGO in Frage (Beispiel: OVG Greifswald, 20.10.2015, 1 M 319/15; VGH Mann -heim, 3 S 1317/11, NVwZ-RR 2012, 129; VGH Kassel, 4 TH 3493 /86, NVwZ-RR 1989, 507) mit dem Antrag,

> *die Vollstreckung aus dem Gebührenbescheid*
> *der Stadt/Gemeinde .... vom ....*
> *für unzulässig zu erklären*

In dem Rechtsstreit wird das VG zunächst prüfen, ob der auf Zahlung in Anspruch Genommene der „richtige" Schuldner ist. Sofern dieser die geforderten Gebühren für überhöht hält, kann er im Verfahren vor dem VG die Prüfung erreichen, ob die Forderung angemessen ist. Wenn die Friedhofsordnung für die Räumung der Grabstätte feste Kostensätze enthält, kann deren Kalkulation überprüft werden. Aber nicht jeder „Fehler" bei der Kalkulation führt zu einer für den Kläger günstigen Entscheidung; denn dem Friedhofsträger steht bei der Festsetzung der Gebühren ein weiter Ermessensspielraum zu (BVerwG, 8 C 77.83, NVwZ 1985, 346 = BVerwGE 70, 247), der nur auf die Einhaltung der Grenzen des sachlich Vertretbaren überprüft werden kann. Überdies ist eine „ungefragte" Fehl-ersuche nicht statthaft (BVerwG, 6 C 08.00, DVBl 2002, 60; OVG Münster, 15 A 3495/96, NVwZ-RR 2000, 825). Nach BVerwG (9 CN 01.01, NJW 2002, 2807 = BVerwGE 116, 188) widerspricht es einer sachgerechten gerichtlichen Kontrolle, die Abgabenkalkulation des Satzungs-gebers ungefragt einer Detailprüfung zu unterziehen. Das Gericht hat lediglich den Fragen hinsichtlich der Kalkulation nachzugehen, die der Kläger selbst aufgeworfen hat; denn der beim VG geltende Untersuchungsgrundsatz ist keine prozessuale Hoffnung, das VG werde mit seiner Hilfe die Klage begründenden Tatsachen finden (VG Arnsberg 01.10. 2002, 11 K 3302/00; NZB erfolglos: OVG Münster, 18.03.2005, 9 A 4650 /02). Ein Kläger, der die Kalkulation von Gebühren angreift, muss des-halb konkrete Tatsachen angeben, aus denen sich die Rechtswidrigkeit der Gebührenfestsetzung ableiten lässt (VG Gießen, 8 K 1954/09, DVBl 2011, 316 = DöV 2011, 325), das heißt er muss darlegen, welches Ergebnis eine weitere Aufklärung voraussichtlich gehabt und inwieweit dieses Ergebnis zu einer für ihn günstigeren Entscheidung geführt hätte (OVG Münster, 18.03.2005, 9 A 4650/02). Lässt es ein Kläger an einem entsprechenden Vortrag fehlen, beschränkt sich sein Vortrag auf schlichtes Bestreiten des jeweiligen Kostenansatzes und ergibt sich auch aus den beigezogenen Unterlagen kein hinreichender Anhaltspunkt für einen fehlerhaften Kostenansatz, findet der gerichtliche Grundsatz der Amtsermittlung seine Grenze (OVG Münster, 19 B 675/07, FamRZ 2008).

Der Gebührenpflichtige darf die vom Träger des Friedhofs angegebenen Zahlenwerte durch Akteneinsicht überprüfen; dazu soll er einen Sachverständigen hinzuziehen dürfen, dessen Kosten sogar erstattungsfähig sein können (BVerwG, 4 B 39.92, NVwZ 1993, 268; VG Würzburg, 20.01.2010, 2 K 09.547).

Gegen die Gebühren- beziehungsweise Auslagenforderung kann sich der auf Zahlung in Anspruch Genommene darauf berufen, der Friedhofsträger habe durch die Verwertung des Grabsteins die Räumung der Grabstätte erreicht oder dafür eine die Kosten deckende Gegenleistung erhalten können. Schließlich kann der auf Zahlung in Anspruch Genommene gem. § 387 BGB mit eigenen Forderungen gegen die Forderung des Friedhofsträgers aufrechnen; denn die §§ 387 ff BGB enthalten einen allgemeinen Rechtsgedanken, der entsprechend § 257 Abs. 1 AO ohne einen Verweis des Gesetzgebers anwendbar ist (BVerwG, 9 B 109.03, NJW 2009, 1099 = BVerwGE 132, 250). Durch die Aufrechnung erlischt die Forderung des Friedhofträgers. Zur Aufrechnung kommt ein Anspruch auf Schadensersatz in Frage, der dadurch entstanden sein kann, dass der Friedhofsträger die Grabstelle geräumt hat, ohne rechtzeitig auf den Ablauf der Ruhefrist und auf die bevorstehende Räumung hinzu-weisen. Damit verhindert er die Räumung der Grabstätte durch die Ange -hörigen des Verstorbenen und die Verwertung des Grabsteins (LG Köln, 29.06.2018, 5 O 36/18).

9.2 Die bürgerlich-rechtlichen Ansprüche

Wenn der Friedhofsträger seinen Anspruch auf Räumung der Grabstätte bürgerlich-rechtlich begründet, bildet dieser grundsätzlich keine Rechts-grundlage für eine öffentlich-rechtliche Forderung (VGH Kassel, 5 UE 3224/99, NVwZ-RR 2001, 535; VGH Mannheim, 1 S 1366/96, NJW 1997, 3113; VG Karlsruhe, 20.09.2017, 4 K 2385/16). Ausnahmsweise ist der bürgerlich-rechtliche Anspruch durch einen Leistungsbescheid der Stadt oder Gemeinde festsetzbar, wenn dies das VwVG des jeweiligen Bundeslandes zulässt. Dies sehen zum Beispiel §§ 15-17 HessVwVG vor. Danach sind bürgerlich-rechtliche Forderungen öffentlicher Körperschaften im Verwaltungswege vollstreckbar, wenn sie durch die Inanspruchnahme öffentlicher Einrichtungen entstanden sind. Wegen dieser Forderungen darf gem. § 66 Abs. 1 Hess VwVG aber nur in das bewegliche Vermögen des Schuldners vollstreckt werden, sodass eine Vollstreckung in Immobilien und/oder Forderungen ausgeschlossen ist.

In Bundesländern ohne eine dem HessVwVG vergleichbare Regelung müssen bürgerlich-rechtliche Ansprüche gem. § 13 GVG vor dem Zivil-gericht geltend gemacht werden. Bei einem Streitwert bis 5.000 Euro sind gem. § 23 Nr. 1 GVG die Amtsgerichte, bei höheren Streitwerten gem. § 71 Abs. 1 GVG die Landgerichte zuständig; bei einem LG müssen sich die Parteien gem. § 78 Abs. 1 ZPO durch einen Rechtsanwalt vertreten lassen. Örtlich zuständig ist das Gericht, in dessen Bezirk der Beklagte seinen allgemeinen Gerichtsstand hat, der gem. § 13 ZPO durch seinen Wohnsitz bestimmt wird. Beim Gerichtsstand der Erbschaft können gem. § 27 ZPO Klagen auch vor dem Gericht erhoben werden, bei dem der Erblasser zur Zeit seines Todes seinen allgemeinen Gerichtsstand hatte. Wie oben näher ausgeführt erweitert § 28 ZPO den in § 27 ZPO geregelten Gerichtsstand der Erbschaft solange für Nachlass-verbindlichkeiten noch mehrere Erben als Gesamtschuldner haften.

9.2.1 Die Einwendungen gegen bürgerlich-rechtliche Ansprüche

Für Rechtsstreite vor dem Zivilgericht gelten die für den Beklagten vorteilhaften Regeln der ZPO. Wenn er seine Haftung oder die Höhe der Forderung bestreitet, muss der Friedhofsträger vortragen und beweisen, dass der Beklagte zahlungspflichtig und dass die geltend gemachte Forderung berechtigt ist. Dies bedeutet, dass er für die Höhe seiner Aufwendungen beweispflichtig ist. Den Beweis kann er führen, indem er angibt, welche seiner Mitarbeiter wann (Datum) und von wann bis wann (Uhr-zeit) die Grabstätte geräumt und welche Vergütung sie dafür erhalten haben. Sofern er einen Unternehmer mit der Räumung der Grabstätte beauftragt hat, kann er den von ihm geforderten Betrag beanspruchen, sofern er angemessen ist.

9.3 Das erfolglose Rechtsmittel

Wenn das Rechtsmittel des auf Zahlung in Anspruch genommenen An-gehörigen des Verstorbenen erfolglos bleibt und er die vom Friedhofsträger geforderte Gebühr oder Auslage zahlt, bleibt er mit den Kosten belastet, wenn er den Verstorbenen allein beerbt hat. Wenn er dessen Miterbe geworden oder nur als Grabnutzungsberechtigter tätig geworden ist, kann er unter den im Kapitel „Die durch Angehörige geräumte Grabstätte" mitgeteilten Voraussetzungen die Erstattung seiner Aufwendungen erreichen.

10 Der Grabstein nach der Grabräumung

Die nach Ablauf der Ruhezeit geräumten und nicht mehr verwertbaren Grabsteine werden entsorgt, indem sie zerkleinert und meist für Baumaßnahmen verwendet werden. Die aus Naturstein bestehenden Grab-steine können wiederverwendet werden, wenn sie nach der Bearbeitung noch über die für die Standfestigkeit erforderliche Stärke verfügen. Neuerdings verlangen manche Friedhofsträger für den Grabstein den Nachweis, dass er nicht durch Kinderarbeit hergestellt wurde; eine solche Regelung darf nur aufgrund eines Gesetzes in die Friedhofsordnung auf - genommen werden (BVerwG, 8 CN 01.12, NVwZ 2014, 527 = BVerwGE 148, 133). Für gebrauchte Grabsteine, die vor der Einführung dieser Regelung aufgestellt wurden, kann dieser Nachweis nicht verlangt wer-den, da das aus Art 20 GG folgende Rechtsstaatsgebot eine Beeinträchtigung der einmal erlangten Rechtsstellung verbietet (Jarass-Pieroth GG, Art. 20, RNr. 67 ff).

Wie bereits oben ausgeführt, ändert der Ablauf der Ruhefrist der Grab-stätte nichts am Eigentum des Grabsteins. Dessen Eigentümer bleiben die Erben des Verstorbenen, die über seine Verwendung entscheiden können. Zutreffend heißt es deshalb in § 29 Abs. 2 der am 01.07.2018 in Kraft getretenen Friedhofsordnung der Stadt Frankfurt am Main:

> *Nach Ablauf des Verfügungs- oder Nutzungsrechts an der Grabstätte können Grabmale, Einfassungen oder sonstige Grabausstattungen von der/dem Verfügungsberechtigten oder Nutzungsberechtigten entfernt werden.*

Wenn die Angehörigen des Verstorbenen dessen Grabstätte nicht räumen und dafür der Friedhofsträger sorgen muss, stellt sich die Frage, ob dessen Räumung Einfluss auf das Eigentum am Grabstein hat. Dies ist dann der Fall, wenn die Angehörigen des Verstorbenen das Eigentum am Grabstein aufgeben. Da der Grabstein - wie oben ausgeführt - rechtlich als bewegliche Sache gilt, können die Erben des Verstorbenen gem. § 959 BGB auf ihr Eigentumsrecht verzichten, worauf der Grabstein herrenlos wird. Da der Friedhofsträger der tatsächliche Besitzer des Grab-steins ist, wird er gemäß § 958 Abs. 1 BGB dessen Eigentümer (Zimmer-mann, Rechtsfragen bei einem Todesfall; 7. Auflage (2015), 29).

Die Erben des Verstorbenen verzichten auf das Eigentum am Grabstein wenn sie den Friedhofsträger oder einen Unternehmer mit der Räumung der Grabstätte beauftragen und sich das Eigentum am Grabstein nicht vorbehalten (Palandt, BGB, § 959 RNr. 1; LG Bonn, 18 O 184/01, NJW 3003, 673; LG Ravensburg, 3 S 121/87, NJW 1987, 3142). Auf einen Verzicht auf das Eigentum kann auch geschlossen werden, wenn der Grabnutzungsberechtigte beziehungsweise der Eigentümer des Grabsteins die abgelaufene Ruhefrist kennt, sich aber nicht um die Räumung der Grabstätte kümmert. Bei unbekannten Berechtigten gilt dasselbe, wenn der Friedhofsträger auf die bevorstehende Räumung der Grabstätte in der örtlich-en Presse hingewiesen und einen entsprechenden Hinweis am Grab-stein angebracht hat. Auf einen Verzicht auf das Eigentum am Grabstein kann schließlich auch bei alten, ungepflegten Grabstätten geschlossen werden, wenn deren Eigentümer nicht mehr feststellbar sind. Je länger die Ruhezeit einer solchen Grabstätte dauert, desto eher kann davon ausgegangen werden, dass die Eigentümer das Eigentum am Grabstein aufgegeben haben, der damit herrenlos geworden ist (Zimmermann, Rechtsfragen bei einem Todesfall, 7. Auflage (2015), 29).

Dass das Eigentum an einem Grabstein nach Ablauf der Ruhezeit der Grabstätte auf den Friedhofsträger übergeht, ist auch in manchen Friedhofsordnungen vorgesehen. Zum Beispiel bestimmt der oben zitierte § 29 Abs. 2 der am 01.07.2018 in Kraft getretenen Friedhofsordnung der Stadt Frankfurt am Main:

> *Ansonsten werden Grabmale, Einfassungen oder*
> *sonstige Grabausstattungen von der Friedhofsverwaltung abgeräumt und*
> *gehen entschädigungslos in das Eigentum der Stadt Frankfurt am Main über.*

Einige Friedhofsträger kommen den bisherigen Eigentümern der Grab-steine entgegen, indem sie es ihnen gestatten, den Grabstein auch dann an sich zu nehmen, wenn das Eigentum auf sie übergegangen ist. So heißt es zum Beispiel in der Friedhofsordnung, über deren Zulässigkeit der VGH Kassel (5 N 1597/03 DöV 2005, 208; NZB erfolglos: BVerwG 29.12.2004, 3 BN 5.04) entschieden hat:

> *Die Nutzungsberechtigten erhalten innerhalb*
> *einer gesetzten Frist die Möglichkeit, abgeräumte*
> *Grabmale an einem zentralen Platz abzuholen.*

11 Die Verwertung des abgeräumten Grabsteins

Die nicht mehr verwertbaren Grabsteine werden entsorgt, indem sie zerkleinert und bevorzugt für Baumaßnahmen verwendet. Es gibt auch Angehörige, die den Grabstein zur Erinnerung an den Verstorbenen zu Hause aufbewahren. Im Internet wird davon berichtet, dass Hinterbliebene einen Grabstein in eine Tischplatte oder in andere Dekorationsstücke umarbeiten ließen.

Wer über die Verwendung eines abzuräumenden Grabsteins zu entscheiden hat, kann ihn einem Steinmetz als Gegenleistung für die Räumung der Grabstätte oder zum Kauf anbieten. Bei der Ermittlung des Kauf-preises glauben manche, man könne als Verhandlungsgrundlage von dem Betrag ausgehen, den man heute für den Erwerb des Grabsteins aufwenden müsste. Die während der Ruhezeit der Grabstätte eingetretene Preissteigerung kann nach der folgenden Übersicht berechnet werden:

Preissteigerungen

				1962	1963	1964	1965	1966	1967
				31,0	31,9	32,7	33,7	34,8	35,5
1968	1969	1970	1971	1972	1973	1974	1975	1976	1977
36,1	36,7	38,0	40,0	42,2	45,2	48,3	51,2	53,3	55,3
1978	1979	1980	1981	1982	1983	1984	1985	1986	1987
56,8	59,2	62,3	66,3	69,8	72,0	73,8	75,3	75,2	75,4
1988	1989	1990	1991	1992	1993	1994	1995	1996	1997
76,3	78,5	80,6	83,6	86,9	90,0	92,4	93,9	95,3	97,1
1998	1999	2000	2001	2002	2003	2004	2005	2006	2007
98,0	98,6	100	102,0	103,4	104,5	106,2	108,3	110,1	112,3
2008	2009	2010	2011	2012	2013	2014	2015	2016	2017
113,4	113.8	115.2	117.5	119.5	121.1	122.0	122.3	122.8	124.6
2018	2019	2020	2021	2022					
126.4	(*)	(*)	(*)	(*)					

(*) Der zutreffende Wert ergibt sich, indem der zuletzt angegebene Wert um die für das Jahr vom Statistischen Bundesamt (www.statistik-bund.de) ermittelte Preissteigerungsrate erhöht wird

Ein 1998 errichteter Grabstein aus einem Naturstein kostete für ein Doppelgrab 15.000 DM (x 0.51129 = 7.669 Euro) Nach Ablauf der während der zwanzigjährigen Ruhezeit eingetretenen Preissteigerung hätte für ihn im Jahre 2018 ein Betrag von 9.930 Euro (7.699 Euro./ 98 x 126.4) aufgewandt werden müssen.

Wer sich auf die Entscheidung des LG Köln (29.06.2018, 5 O 36/18) beruft, das den Wert eines aus Granit bestehenden Grabsteins nach zwanzigjähriger Ruhezeit noch mit sechzig Prozent des Neupreises an-genommen hat, kann nicht erwarten, einen entsprechenden Preis zu erzielen; denn auch für einen hochwertigen Naturstein wird kaum einmal so viel gezahlt werden. Da heute Grabsteine aus Indien, China und den Ländern des Nahen Ostens zu günstigen Preisen bezogen werden, lohnt sich die Aufarbeitung gebrauchter Grabsteine kaum noch. Denn für deren fachgerechten Abbau, den Transport in die Werkstatt und für das Entfernen der alten Inschriften entstehen Kosten, die über dem Preis für einen neuen Grabstein liegen können. Alte Grabsteine werden deshalb heute nur noch dann aufgearbeitet, wenn sie einen besonderen ideellen oder sogar künstlerischen Wert haben. In diesen Fällen dürfte die Annahme der Deutschen-Handwerks-Zeitung vom 10.10.2018 realistisch sein, nach der heute für gebrauchte Grabsteine „nur" zwischen zehn und zwanzig Prozent des Materialneuwerts zu erzielen sind.

12 Die Kalkulation der Friedhofsgebühren

Jeder Friedhofsträger muss seine Forderungen in die Friedhofsordnung aufnehmen, andernfalls er sie nicht geltend machen darf (OVG Bautzen, 5 D 291/99, LKV 2002, 377; OVG Greifswald, 15.11.2000, 4 K 08/99; VGH Mannheim, 07.09.1987, 2 S 998/86; VG Karlsruhe, 28.04.2014, 7 K 2374/13; VG Düsseldorf, 24.10.2012, 23 K 6398/10). In der Kalkulation müssen die für den Friedhof zu erwartenden Aufwendungen nach betriebswirtschaftlichen Grundsätzen ermittelt und auf die Nutzer des Fried-hofs umgelegt werden.

Die Kalkulation für Friedhofsgebühren muss „gerichtsfest" sein; das heißt sie muss einer gerichtlichen Prüfung Stand halten (OVG Saarlouis, 1 A 06/ 12, KommJur 2013, 96; OVG Lüneburg, 9 K 1947/93, NVwZ 1995, 807; VG Düsseldorf, 26.05.2014, 23 K 484/13). Sie wird zweckmäßig durch geeignete Mitarbeiter der Stadt bzw der Gemeinde vorgenommen, die sich der vom zuständigen Städte- und Gemeindebund zur Verfügung gestellten Kalkulationsmodelle bedienen können. Wie oben erwähnt, steht dem Friedhofsträger für die Kalkulation ein weiter Ermessensspiel-raum zu, der gerichtlich nur eingeschränkt nachprüfbarer ist (BVerwG, 9 CN 01.01 NJW 2002, 2807 = BVerwGE 116, 188). Auf Einzelheiten der Frage, inwieweit eine Kalkulation gerichtlich überprüft werden kann, ist im Kapitel „Die Einwendungen gegen die Forderungen des Friedhofsträgers" eingegangen.

12.1 Die zu berücksichtigenden Aufwendungen

Die Aufwendungen sind nach dem KAG des jeweiligen Bundeslandes für die letzten - meist drei bis fünf - Jahre zu ermitteln und sodann für ein Jahr in die Kalkulation einzustellen.

Zu den bei der Kalkulation zu berücksichtigenden Kosten gehört der Aufwand für die vom Friedhof genutzten Grundstücke. Außen vor bleiben die Kosten für das „öffentliche Grün" das heißt die für Wege, Grünanlagen und Bauten benötigten Flächen, sowie die Kosten für die Gräber der Opfer von Krieg und Gewaltherrschaft, die aus allgemeinen Haushaltsmitteln der Stadt bzw. der Gemeinde zu finanzieren sind. Zu den periodengerecht auf die voraussichtliche Dauer der Nutzung zu verteilenden Kosten (OVG Münster, 9 A 3342/98, NVwZ-RR 2000, 383) kommen die Ausgaben für die für den Friedhof tätigen Mitarbeiter sowie die Sachkosten, also die Betriebsmittel wie Energie, Fahrzeuge, Verbrauchsmaterial und die Fremdkosten, die vom Friedhofsträger an die mit der Erledigung von Arbeiten am und für den Friedhof beauftragten Firmen gezahlt wurden. Zu den Personalkosten gehören die Gehälter der beim Friedhof eingesetzten Beamten und Angestellten sowie die Löhne der mit Arbeiten auf dem Friedhof beschäftigten gewerblichen Arbeitnehmer. Darüber hinaus sind die Aufwendungen der nur zeitweise im Interesse des Friedhofs tätigen Mitarbeiter der Städte oder Gemeinden in die Kalkulation der Friedhofsgebühren einzustellen (Gawel, Die Kalkulation der Friedhofsgebühren, Seite 236); dazu gehören auch die im Kassen-, im Bau- und im Rechtsamt beschäftigten Beamten, Angestellten und Arbeiter.

Sofern der Friedhofsträger Einnahmen für die von ihm vorgenommenen Grabräumungen erzielt, dürfen sie bei der Kalkulation nicht angesetzt werden, da diese weder Einnahmen noch Erträge kennt (Gawel, Die Kalkulation der Friedhofsgebühren, Seite 247); sie ermäßigen aber die dafür anzusetzenden Ausgaben. Sofern diese durch die Einnahmen des Friedhofsträgers nicht gedeckt sind, zum Beispiel weil kein Zahlungs-pflichtiger bekannt ist oder dieser keine Zahlung leistet, dürfen sie nicht gesondert berücksichtigt werden, da sie bereits in der Vergütung für die Mitarbeiter des Friedhofs oder in den Fremdkosten enthalten sind.

Das vereinfachte Beispiel einer auf ein Jahr umgelegten Kalkulation für einen Friedhof ist hier abgedruckt:

Kosten	Euro
Grundstücke	2.500.000
Personal	500.000
Betriebsmittel	200.000
Leistungen von Fremdfirmen	50.000
Summe	**3.250.000**

12.2 Die auf die Nutzer entfallenden Aufwendungen

Die Friedhofsgebühren sind in dem Ausmaß zu bemessen, in dem der Gebührenschuldner die Einrichtung nutzt. Bei den Nutzungsgebühren für die Grabstätten wird dem dadurch Rechnung getragen, dass für die unterschiedliche Inanspruchnahme der Einrichtung verschieden hohe Gebühren gefordert werden; deshalb unterscheiden sie sich für das gewählte Grab, also für ein Reihen- oder Wahlgrab, ein Urnengrab, ein-en Platz in der Urnenwand oder für eine anonyme Bestattung. Die unter-schiedliche Inanspruchnahme kann sich auch durch die Dauer der Nutzung und/oder durch die unterschiedliche Lage der Grabstätte ergeben.

Die höchsten Gebühren fallen für die Vergabe des Grabnutzungsrechts an. Da nach den KAG der meisten Bundesländer (zum Beispiel: nach § 10 HessKAG, GVBl 2013, 134) die Gleichwertigkeit zwischen Leistung und Gegenleistung angestrebt wird, sollen die Gebühren die Kosten der Einrichtung decken (BVerwG, 6 C 13.00, DVBl 2002, 479; VG Braun-schweig, 1 A 70/00, NdsVBl 2002, 29). Allenfalls dürfen geringe Über-schüsse erzielt werden (BayVerfGH, Vf 16-VII-94, BayVBl 1996, 626), die drei Prozent der Kosten nicht überschreiten sollen (VGH Kassel 5 N 3909/98, NVwZ-RR 2000, 243; OVG Münster, 9 A 1248/92, KStZ 1994, 313). Überschuldete Städte und Gemeinden können von der Kommunal-aufsicht angewiesen werden, zum Ausgleich ihrer Haushalte alle möglichen Mittel auszuschöpfen und kostendeckende Gebühren zu verlangen (BVerwG, 29.05.2019, 10 C 01.18 = bestätigt VGH Kassel, 12.01. 2018, 8 A 1485/13; BVerwG, 10 C 13.14, NVwZ 2016, 72 = BVerwGE 152, 188). Das Äquivalenzprinzip schließt es nicht aus, dass „reiche" Kommunen einen Teil der durch den Friedhof entstehenden Kosten aus allgemeinen Haushaltsmitteln decken.

12.3 Die Aufwendungen für die Grabräumung

Wenn der Friedhofsträger Grabstätten räumen muss, sehen manche Friedhofsordnungen vor, denjenigen dafür in Anspruch zu nehmen, der eigentlich dazu verpflichtet ist. Dadurch wird die Verwaltung des Friedhofsträgers zusätzlich belastet; denn die anlässlich der Bestattung erhobene Räumungsgebühr muss auf Verlangen des Angehörigen erstattet werden, der die Grabstätte geräumt hat. Wenn Friedhofsträger die Räumungsgebühr nach Ablauf der Ruhefrist der Grabstätte erheben oder die Erstattung ihrer Auslagen verlangen, müssen sie den Zahlungspflichtigen ermitteln, was umso zeitaufwändiger ist, je länger die Ruhezeit der Grabstätte gedauert hat. Außerdem müssen die geforderten Beträge ein-getrieben werden, was nicht immer gelingt.

Deshalb entlasten immer mehr Friedhofsträger ihre Verwaltung und verzichten darauf, Kosten für die Räumung der Grabstätte zu erheben. Für die Umlage der Kosten auf alle Nutzer spricht, dass der Friedhofsträger Grabstätten nur ausnahmsweise räumen muss, da dies die meisten Hinterbliebenen selbst erledigen. Dies gilt insbesondere dann, wenn sie den Grabstein wiederverwenden oder zur Erinnerung an den Verstorbenen aufbewahren wollen. Der Friedhofsträger wird überhaupt nicht mit den Kosten der Grabräumung belastet, wenn er Eigentümer des Grabsteins geworden ist und ihn einem Steinmetz als Gegenleistung für die

Räumung der Grabstätte überlassen kann. Auch dann, wenn die zur Räumung der Grabstätte verpflichteten Angehörigen dieser Pflicht und/oder ihrer Zahlungspflicht für die vom Friedhofsträger übernommene Räumung nicht nachkommen, wird er nicht zusätzlich belastet, da die Arbeiten durch seine Mitarbeiter oder durch den von ihm beauftragten Unter-nehmer erledigt werden und deren Kosten bereits in der Kalkulation der Friedhofsgebühren mit der Folge berücksichtigt sind, dass damit alle Nutzer des Friedhofs anteilig belastet werden.

Aus vorstehenden Gründen ist der Verzicht des Friedhofsträgers auf die Geltendmachung der Kosten für die von ihm vorgenommene oder von ihm veranlasste Grabräumung betriebswirtschaftlich gerechtfertigt.

13 Zusammenfassung

Mit der Einräumung des Grabnutzungsrechts durch den Friedhofsträger ist das Recht verbunden, auf der Grabstätte einen Grabstein aufzustellen. Dieser gilt rechtlich als bewegliche Sache und geht mit der Errichtung in das Eigentum des/der Erben des Verstorbenen über. Grabnutzungsberechtigte werden nur dann Miteigentümer, wenn sie Erben des Verstorbenen geworden sind.

Für die Standsicherheit des Grabsteins haften der Friedhofsträger, der Grabnutzungsberechtigte sowie die Erben des Verstorbenen als Gesamt -schuldner. Die meisten Friedhofsordnungen verpflichten den Nutzungsberechtigten öffentlich-rechtlich, die Grabstätte des Verstorbenen nach Ablauf der Ruhezeit zu räumen; bürgerlich-rechtlich sind dazu auch dessen Erben verpflichtet. Wenn die Grabstätte von den Angehörigen des Verstorbenen nicht geräumt wird, ist dafür der Friedhofsträger zuständig. Zuvor muss er die zur Räumung Verpflichteten an die ablaufende Ruhezeit der Grabstätte erinnern und ihnen für die Räumung eine angemessene Frist einräumen. Nicht ermittelbare Personen muss er in der Presse auf die vorgesehene Räumung hinweisen sowie einige Zeit zuvor eine entsprechende Ankündigung am Grabstein anbringen Wenn er den Hinweis auf die ablaufende Ruhezeit der Grabstätte unterlässt und/oder die den Räumungspflichtigen gesetzte Frist nicht einhält und die Grabstätte vorzeitig räumt sowie den Grabstein entsorgt, macht er sich schadensersatzpflichtig.

Die Frage, ob ein Friedhofsträger anlässlich der Bestattung eine Gebühr für die Räumung der Grabstätte erheben darf, ist bisher vom BVerwG noch nicht entschieden. Wenn der Friedhofsträger dafür eine Gebühr erhebt, muss er sie auf Verlangen der Angehörigen des Verstorbenen erstatten, wenn diese die Grabstätte selbst geräumt haben. Nach Ablauf der Ruhezeit einer Grabstätte kann der Friedhofsträger eine Gebühr für die Räumung erheben oder den Ersatz seiner Aufwendungen verlangen. Der Friedhofsträger kann darauf verzichten, sodass die von ihm getragenen Kosten der Grabräumung in den Gebühren aller Friedhofsnutzer enthalten sind. Durch den Verzicht des Friedhofträgers auf die Gebühr und/oder auf den Kostenersatz entlastet er seine Verwaltung, weshalb er davon Gebrauch machen sollte.

14 Nachtrag

Die vorstehenden Hinweise sind nach bestem Wissen bearbeitet. Fehler sind dennoch nicht auszuschließen. Für mögliche Unrichtigkeiten kann keine Haftung übernommen werden. Hinweise und Anregungen für Ergänzungen und Verbesserungen sind erwünscht.

BEI GRIN MACHT SICH IHR WISSEN BEZAHLT

- Wir veröffentlichen Ihre Hausarbeit,
  Bachelor- und Masterarbeit

- Ihr eigenes eBook und Buch -
  weltweit in allen wichtigen Shops

- Verdienen Sie an jedem Verkauf

Jetzt bei www.GRIN.com hochladen
und kostenlos publizieren